はじめて「質的研究」を「書く」あなたへ

― 研究計画から論文作成まで ―

太田裕子 著

東京図書

R〈日本複製権センター委託出版物〉
◎本書を無断で複写複製(コピー)することは、著作権法上の例外を除き、禁じられています。本書をコピーされる場合は、事前に日本複製権センター(電話:03-3401-2382)の許諾を受けてください。

はじめに

1. 本書の目的

　本書は、初めて質的研究法を用いて研究を行い、論文を作成しようとする人のために書かれています。そのような読者が、質的研究法を用いた研究を計画し、実施し、その結果を踏まえて研究論文を作成できるようになることが、本書の目的です。

　『はじめて「質的研究」を「書く」あなたへ』というタイトルが示すように、本書には、「質的研究」と「書く」という二つの重点があります。つまり、質的研究法を用いた研究の計画、実施に関わる点と、その研究をもとにした論文作成に関わる点です。それぞれのねらいを示すと、以下のようになります。

(1) 質的研究法の理論的背景、強みと弱み、倫理的課題を理解したうえで、質的研究法を用いた研究計画を立て、実施することができる。
(2) 研究論文の目的、要素、構成、慣習を理解したうえで、自分が実施した研究をもとに、論文を作成することができる。

　「質的研究」と「書く」という二つの重点は、互いに切り離すことができません。「まず研究を先に済ませてから、最後に論文を一気に書き上げる」というものではないのです。「質的研究」のプロセス全体にわたって、「書く」ことは、非常に重要な営みです。例えば、他者の語りや観察した内容をデータとする場合、調査の過程において「書く」ことが重要な位置を占めます。また、「質的研究」に限りませんが、研究の問いや、分析結果を、論文の形で書くことによって、思考が明確になったり、さらに必要な調査や文献が明らかになったりします。そこで本書では、「質的研究」と「書く」という二つに関わる活動を、各章に配置しました。各章の前半で「質的研究」についての理解を深め、後半の「論文作成ワーク」で、論文の一部や研究に関わる文章を「書く」活動を行います。ただ読むだけでなく、ぜひ、本書に示された問いに答え、活動に取り組んでください。

2. 本書の構成

　本書の各章は、研究のプロセスに沿って配列されています。第1章から順に

読み進め、活動に取り組むことで、質的研究の計画と実施、および論文作成が、徐々に進むようになっています。

　第1章では、研究、論文、質的研究とはどういうものかを概観し、一般的な論文の構成を理解します。第2章では、研究における哲学的、理論的立場の重要性を理解した上で、あなたの立場を明確にします。第3章では、研究における問いの重要性を理解した上で、問いを立てる活動を行います。また、論文の序章の第一稿を書きます。第4章では、先行研究をレビューし、理論的枠組みを構築する重要性を理解した上で、先行研究章を書きます。第5章、第6章では、質的研究において代表的なデータ収集の手法である、インタビューと観察を概観し、それぞれの手法を体験して報告書を書く活動を行います。第7章では、自分の興味ある研究方法論を調べ、その特徴や強みと弱みを理解した上で、あなたの問いに答えるための研究方法を決め、記述します。第8章では、研究倫理、調査協力の依頼の仕方、調査協力者との関係を検討します。第9章では、データ収集と同時進行で分析を行う重要性を理解した上で、代表的な質的データ分析の方法を概観します。第10章では、質的なデータとその分析結果をどのように記述するかを検討し、調査結果と考察、結論の章を記述します。第11章では、質的研究、および論文の質を高めるための観点を理解した上で、論文全体を推敲し、自他の論文を評価します。

　本書には、5つのコラムがあります。参考文献の示し方や情報の整理の仕方等、研究を進め、論文を作成する上で有益な情報を簡潔に示しました。必要に応じて、読んでください。

3. 本書で扱うこと、扱わないこと

　「質的研究」と「書く」という二つに関わる活動に、研究のプロセスに沿って、並行して取り組める点が、本書の特徴といえます。質的研究法に関する解説書は多数出版されていますが、質的研究のプロセスにおける「書く」活動に焦点を当てた本は数少ないのではないでしょうか。

　本書では、質的研究法に関わる理論的背景や、代表的な手法（インタビューと観察）を扱います。しかし、多種多様な研究方法論や研究手法を網羅的に解説することはしません。どのような研究方法論、あるいは研究手法を用いるかは、研究者の立場や研究の問いによって決定づけられます。そのため、本書で

は、読者が自分の研究の立場や問いに適した研究方法論、あるいは研究手法を、自分で見つけられることを目指します。本書では、その助けとなる問いかけや活動、参考文献を示します。既存の方法に自分の研究を当てはめるのではなく、自分が本当に明らかにしたい問いに答えるために、どのような方法で研究すればよいのかを、自分で考えてほしいのです。

　もちろん、既存の、確立された方法論や、データ収集、分析の手法について学び、参考にすることは有益です。質的研究法全般に関する、あるいは、個々の研究方法論や研究手法に関する良書は、既に多数出版されています。本書でも、適宜、そうした参考文献を示していきます。それらを読み、比較しながら、自分の研究に合う研究方法論や研究手法を援用することもできるでしょう。その一方で、それらを参考にしながら、自分の研究に合う研究方法を、作り上げることも可能です。いずれにしても、自分の研究の立場、問いと、研究方法が一貫していることが大切です。

4. 本書の使い方

　本書は、自学自習しようとする読者にも、教室で他者と共に学ぶ読者にも、使えるように意図しています。

　本書の内容は、私が10年ほど、早稲田大学の大学院生を対象に行ってきた「質的研究方法入門」「質的研究法」という授業をもとにしています。15週間で、質的研究法を用いた研究を計画し、実施し、その結果を小型の論文にまとめ、相互に評価し合う授業です。この授業では、毎回、授業者が投げかける問いかけや、受講者からの質問に対して、個人で、ペアで、グループで、クラス全員で考え、議論します。お互いの文章を読み合ってコメントをし合うことも毎回行います。そのように15週間を通じて、受講者が切磋琢磨し合い、お互いの研究、論文をよりよくしていくのです。

　本書でも、読者に考えてもらいたい問いを示します。また、論文の一章を書いたり、質的研究の過程について考え、議論する活動を示します。授業のテキストとして本書を使う場合には、ぜひ、受講者である読者の皆さんが、自由に議論を深めてください。自学自習する読者のために、問いに対する議論の例や、私自身の考えを記述しています。自学自習する読者の方も、初めに解説を読むのではなく、まずは自分で考え、できれば友人をつかまえて議論してください。

そして、自分が書いた文章を読んでもらい、コメントをもらってください。様々な関心と考えを持つ他者と議論し、互いの文章にコメントし合うことによって、研究および論文が、よりよくなっていきます。ライティング・センターのような文章作成支援機関があなたの大学にあれば、そのチューターにコメントをもらうのも有益でしょう。

　本書を授業で使う場合、1週間に1章ずつ進めることができます。ただし、ある程度、自分の興味ある研究テーマを持っている大学院生でも、研究計画から論文完成までを15週間で行うのはやっとです。大学院に入学したばかりの学生や、卒業論文に取り組もうとする学部4年生を対象とする場合には、1年間かけて取り組むと無理がないでしょう。

　本書のもとになった私の授業の受講生たちが言うのは、「どんなに稚拙でもよいから、とにかく一度、一本の論文を書き上げたことで、研究が一気に進んだ。」ということです。研究を始めたばかりの時は、「まだ勉強不足だから。」、「まだテーマがはっきりしていないから。」という理由で、論文を書くのを躊躇しがちです。しかし、受講生たちが言うように、ともかく、現時点で書けることを書いてみる、論文全体を書き上げてみることには、大きな意味があります。

　論文は一度書いたらそれで完成ではありません。自分の論文を他者に見せたり、自分で読み返したりして、何度も書き直し、よりよくしていくのです。

　初めて質的研究を書こうとする人にとって、本書が、よき伴走者になることを願っています。そして、本書で示した問いや論文の評価観点が、あなたが一人で、あるいは複数の他者と共に考え、議論するための、よいきっかけになることを願っています。

　質的研究を書くことは、楽しく、わくわくする営みです。本書を通して、質的研究を書く楽しさと奥深さを、体験していきましょう！

目　次

はじめに　iii

第1章　はじめて「質的研究」を「書く」あなたへ　　1
　　　　　―なぜあなたは「質的研究」を選ぶのか？―
　論文作成ワーク　論文の要素をとらえよう
　コラム1　学術雑誌、論文を検索する　　22

第2章　あなたはどんなレンズを通して世界を見るのか？　　23
　　　　　―研究を方向付ける研究者の立場―
　論文作成ワーク　先行研究における研究者の立場を読み解こう
　コラム2　参考文献リストを作る　　43

第3章　「研究」を通して何を明らかにしたいのか？　　47
　　　　　―研究の問いを立てる―
　論文作成ワーク　マップを作り、「問い」と研究の範囲を考えよう
　　　　　　　　　序章の第一稿を書こう
　コラム3　本文中に出典を示す　　65

第4章　なぜ「先行研究」をレビューするのか？　　67
　　　　　―理論的枠組みと文献レビュー―
　論文作成ワーク　論文の中で先行研究をレビューしよう
　　　　　　　　　先行研究章を書こう

第5章　インタビューで何が分かるのか　　83
　　　　　―経験の「物語」に分け入る―
　論文作成ワーク　インタビュー報告書を書こう
　コラム4　インタビュー音声を文字化する　　98

第6章 観察することと「書く」こと　　99
―現実世界の再構築―
論文作成ワーク　フィールドノーツを書こう

第7章 どのような方法で研究の問いに答えるのか？　　123
―研究方法を決める―
論文作成ワーク　研究方法章を書こう

第8章 調査を始める前に知るべきこと　　139
―研究倫理、調査協力の依頼、調査協力者との関係―
論文作成ワーク　「研究協力依頼書」と
　　　　　　　　　「研究倫理遵守に関する誓約書」を作ろう

第9章 調査の過程で分析する　　159
―質的データ分析の基本的な考え方と作業―
論文作成ワーク　調査の過程を振り返り、問いを練り直そう
　　　　　　　　　データ分析を体験しよう

コラム5　データの管理　　182

第10章 研究の結果、何が言えるのか？　　183
―研究結果の記述と考察―
論文作成ワーク　調査の過程を振り返り、考察につなげよう
　　　　　　　　　研究結果、考察、結論の章を書こう

第11章 質的研究の「質」をどう高めるか？　　205
―「妥当性」「信頼性」をどう考えるか―
論文作成ワーク　論文全体を推敲しよう
　　　　　　　　　自分と他者の論文を評価しよう

おわりに　219
参考文献　221
索引　229

●カバーデザイン：山崎幹雄デザイン室

はじめて「質的研究」を「書く」あなたへ
―なぜあなたは「質的研究」を選ぶのか？―

　本書を手に取ったあなたは、これから「質的研究」を「書こう」としていると思います。「研究」というものに、初めて取り組もうとする人もいるでしょう。あるいは、これまで「量的研究」と呼ばれる研究には取り組んだことがあるけれど、「質的研究」には初めて取り組むという人もいるかもしれません。

　そもそも、あなたが「質的研究」に興味を持ったのはなぜでしょう。

　研究は、研究する人自身の関心、問い、立場を反映します。研究法が先にあり、それに適した（つまり、研究しやすそうな）テーマや問いを選ぶのではありません。そうではなく、あなたの関心、問い、立場に合った研究法を選ぶのです。

　自分自身の関心、問い、立場は、研究を始めたばかりの時にはまだ意識化されていないかもしれません。あなたの関心、問い、立場を自覚するために、次の問いに答えてみてください。

- ・あなたは何を明らかにしたいのか。
- ・なぜそれを明らかにしたいのか。
- ・あなたは研究する対象をどのように捉えているのか。
- ・あなたは研究する自分（研究者）をどのように捉えているのか。
- ・あなたは研究者と研究対象との関係をどのように捉えているのか。
- ・あなたは研究という営為をどのように捉えているのか。
- ・あなたは研究結果を誰に向けてどのように伝えたいのか。

今はまだ明確な答えが出せないかもしれませんが、これらの問いに対する答えから、あなたの研究関心、問い、研究における立場が浮かび上がってくるでしょう。そして、その答えのような研究をするために、どのような研究法が適しているのかを考えるのです。

　たとえ、同じ研究対象に対して、同じ研究法を用いて研究を行ったとしても、研究する人の関心、問い、立場が異なれば、全く異なる結果が導かれ、全く異

なる研究になります。筆者である私の経験が、その好例です。

1. 私の経験

　私の修士課程での研究関心は、多文化主義に基づく言語教育政策が、オーストラリアの初等中等教育機関における日本語教育の現場で、どのように実践されているのか、にありました。オーストラリアへのフィールドワークに行く前の私は、日本の研究室で読んだ研究論文から、オーストラリアの言語教育政策が、とても理想的なすばらしいものだという思いを持っていました。そして、そのようなすばらしい言語教育政策を具現化した日本語教育実践もまた、すばらしいものに違いない、と無批判に信じていたのです。そこで、言語教育政策の分析に加え、初等中等教育機関における日本語授業の参与観察と、日本語教師への半構造化インタビューを行いました。

　しかし、オーストラリアでフィールドワークを開始すると、いくら探しても、私が期待していたような「理想的な」日本語教育実践には出会えませんでした（考えてみれば、当たり前のことですね）。フィールドワークを通して、言語教育政策と現場での日本語教育実践の間には大きな乖離があることが分かったのです。それでも、私の目から見て、生徒の中の多文化・多言語に配慮し、魅力的な日本語教育実践を行っている日本語教師にも出会うことができました。複数の日本語教師にインタビューを行った結果、言語教育政策よりも、日本語教師の意識が日本語教育実践を決定づけている、という結論に至りました。

　修士論文を書き上げた時、私は、一種の後味の悪さを感じました。日本語教師の方々は、一学生である私に快く自分の教育実践を見せ、インタビューに応じて下さいました。その彼女たちの考え方や実践を、日本語教師経験の浅い私が、修士論文の中で「専門家」の仮面をかぶり、高みからあれこれと偉そうに「評価」したり「批判」したりしているように思えたからです。

　このもやもやした思いは、博士課程在籍中のある出来事により、決定的なものとなりました。一人の先生を、ひどく傷つけてしまったのです。

　私は、ある子どもを研究の対象とし、その子どもを取り巻く大人たちが、その子どもをどのようにまなざし、どのように関わっているかを描こうとしました。私は、特定の関係者を「評価」したり「批判」したりするつもりはありま

せんでした。しかし、その先生に関する記述は、論稿全体の主張、つまり、筆者である私が「良い」とする方向性と、ずれていました。そのため、その先生が論稿の中で、「批判」されていると読み取れるものになっていました。

論稿の下書きを読んだその先生は、自分に関する記述は削除してほしいとおっしゃいました。そして、その先生がとても傷ついたということを、別の先生から聞きました。この一件によって、私は、大きな痛みとともに、次の点を自覚したのです。

第一に、研究論文は、暴力性を持っているということです。つまり、研究対象となる人々を、深く傷つけたり、立場を悪くしたりする可能性を持っています。たとえ、一学生が書いたものであっても、研究論文という形をとると、「専門家」の権威を持つのです。

第二に、私が、「研究者」という「安全」な立場から、「研究対象」として他者をまなざし、あれこれと批評していたということです。私は、外側から、つまり外部者の視点から、他者や他者の実践をまなざしていて、実践の当事者の声や視点を十分に理解しようとしていなかったのです。他の教師の教育実践を、私の視点から分析していましたが、その教師がなぜそのような教育実践を行ったのか、その教育実践についてどう考えているのか、実はどのような教育実践を目指しているのかといった、教師自身の声や視点には、関心を払っていなかったのです。

第三に、研究協力者に対する説明や確認が不十分だったということです。私は、研究に協力してくれる人々に対して、研究の目的、語った内容や観察された内容を公表してよいか、よいならばどこまでをどのように公表するか、といった、研究・発表の進め方に関する確認を、事前に十分に行っていなかったのです。

これら三点は、研究倫理に関わる問題です。しかし、その根底には、私自身の研究における立場が関わっています。つまり、研究する対象、研究する自分自身、研究者と研究対象との関係、研究という営為を、どのように捉えるかという立場です。

この一件を契機に、私は、自分の研究における立場を問い直しました。もう二度と、誰かを傷つける研究はしたくないと強く思ったのです。そして、研究対象となる人々の世界観を、畏敬の念をもって深く理解したいと考えました。

そのために、どのような研究法が適しているのか。私の模索が始まりました。

　オーストラリアで出会った一人ひとりの日本語教師たちが、なぜ、今の日本語教育観や子ども観や言語観（それらの総称を「意味世界」（太田、2010）と私は呼びました）を持つに至ったのか、なぜ、今の日本語教育実践をしているのか。教師自身のことばを聞いて理解したい。こうした思いを持っていた私が出会ったのは、ライフストーリーでした。ライフストーリーは、人々の生の経験に関する語りです。日本語教師たちの人生の歴史を聞くことで、子どもへの日本語教育に関わる彼らの「意味世界」が、どのように形成されてきたのか、そして、私的、公的な経験や状況が、彼らの「意味世界」と日本語教育実践とどのように関わっているのかを、明らかにしようとしたのです。これが、私の博士課程での研究です。

　博士課程での研究[1]で実際に行ったのは、修士課程での研究と同じ、参与観察とインタビューです。主要な研究協力者は、修士論文で取り上げたのと同じ人物でした。しかし、博士課程での研究では、修士課程での研究とは全く異なる、豊かな発見が得られました。何よりも、私自身が、人々のライフストーリーに魅了されたのです。人々の人生の物語は、研究者が批評したり評価したりするのを拒むように、それぞれ魅力的で面白いのです。そして、ライフストーリーを語る人々もまた、たとえ私と初対面であっても、生き生きと、喜びをもって、語ってくれました。

　このように、同じ研究手法を用いていても、研究者の関心、問い、立場が異なれば、研究結果も、研究の過程も、研究者と研究協力者の関係も、全く異なるのです。大切なのは、自分の関心、問い、立場を自覚していること、そして、それに合った研究方法をとることです。

　私自身、博士課程修了後、研究関心、問い、立場が、徐々に変遷してきました。そして、その時々の関心、問い、立場に合う研究方法を模索し、試行してきました。

　例えば、太田・可児・久本（2014）では、自分の教育実践現場をフィールドとして、大学院生チューターと協働研究を行い、研究の過程がお互いの学びに

---

[1] 博士論文をもとにした本が、『日本語教師の「意味世界」―オーストラリアの子どもに教える教師たちのライフストーリー』（ココ出版、2010年）です。

なるような実践研究を提案しました。研究方法は、教育実践の振り返りと話し合いです。そして、実践研究の過程そのものも省察、共有し、実践研究の意義を考察できるように、デザインしました。

　この研究を行った背景には、私自身が勤める大学のライティング・センターにおいて、大学院生チューターが共に学び合い成長する、実践共同体を構築したいという関心がありました。また、研究を行うにあたって、学び成長する主体である大学院生チューターの視点から、その方法の有効性を検討したい、研究者と研究対象者という固定的な関係を乗り越え、共に研究に取り組みたい、という思いがありました。こうした関心と立場が、研究方法だけでなく、研究者と対象との関係性を方向づけたのです。

　以上の私の経験からお伝えしたいポイントは、次の通りです。

　　あなた自身の関心、問い、立場を自覚して、それに合った方法を選ぶ。

　ですから本書では、あなた自身が、自分の関心、問い、立場を自覚して、それに合った方法を選び、実行できるように、問いかけ、考えを促す活動を提案します。

2. あなたは、なぜ、質的研究を選ぶのか

　それでは、どうしてあなたは、質的研究を選ぶのでしょうか。その背景には、「質的研究」あるいは、「研究」という営為に対する、何らかのイメージや先行する知識があるのではないでしょうか。

　まずは、あなたが「質的研究」に対して持っているイメージや知識を整理してみましょう。そのことを通して、「質的研究」の特徴とは何かを考えていきましょう。

活動 1.「質的研究」と聞いて想起するイメージや知っている事柄を、マインド・マップの形で書きだしてみましょう。（6〜7分間）

　マインド・マップは、頭の中にあるアイディアや知識を可視化していくための思考法です。まだ整理されていない、無秩序で混沌としたアイディアを膨ら

ませたり、事柄同士の関係を見つけたりするときに効果的な、ブレイン・ストーミング法の一つです。次の手順で行います。

① A3サイズくらいの紙を用意します。その中央に、これからアイディアを膨らませたいキーワードを書き、○で囲みます。今回の活動では、「質的研究」と書きましょう。
② 中央のキーワードの○から線を引き、線の先に、そのことばから連想することばを書きます。さらに、今書いたことばから連想することばを、線で結びながら書いていきます。一つのことばから一つのことばだけを連想することもあるでしょうし、複数のことばを連想することもあるでしょう。
③ これ以上連想できなくなったら、中央のキーワード、あるいは別のことばに戻り、さらに連想を続けていきます。整理して書こうと考えず、手を止めず、どんどん連想を続けていくことが大切です。

作成したマインド・マップをもとに、あなたが「質的研究」についてどのようなイメージを持っているのか、考えてみましょう。友人やクラスメイトと、お互いのマインド・マップを見せながら説明し合って、相手と自分のマップに書かれた「質的研究」についてのイメージや知識の共通点、相違点を探してみましょう。

いかがでしたか？　私の授業の受講生のマインド・マップを例に、考えてみましょう。

【Aさんの例】

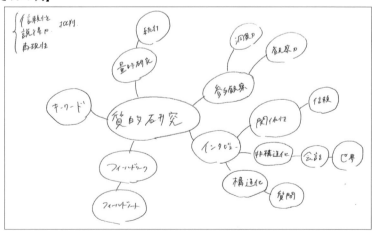

【Bさんの例】

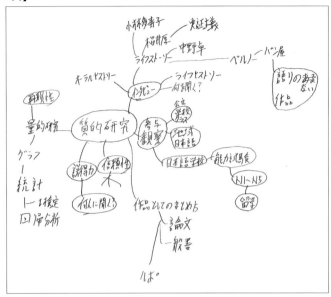

　Aさんは、「質的研究」でよく使われるデータ収集の技法をたくさん連想しています。そして、それぞれで必要とされる要素を連想しています。一方、Bさんは、「質的研究」と「量的研究」に分けた上で、「質的研究」の特徴をとらえようとしています。研究手法だけでなく、「作品としてのまとめ方」といった記述の仕方や、「信頼性」、「説得力」といった評価にも言及しています。二人の例からもわかるように、「質的研究」のイメージは、人によって様々です。

3.「質的研究」の多様性

　「質的研究」についてのイメージが一様ではないことは、「質的研究」の現実をよく反映しています。ウヴェ・フリック（1995/2002）は、質的研究の多様性を次のように指摘しています。

　　一口に質的研究といっても、多種多様な方法が用いられているのが現状である。それら個々の方法には異なった前提と、異なった用途がある。こうした多様な方法を使いこなすためには、それらの技法をつねに研究全体の流れの中に位置付けてとらえる必要がある。つまり個々の質的研究の技法は全体的な研究プロ

セスと切っても切り離せない関係にあるため、そのプロセス全体を見る視点から最も良く理解することができるのである。(p.3)

フリックが指摘するように、「質的研究」と呼ばれる研究の中にも、「多種多様な方法」があり、それぞれに「異なった前提と、異なった用途」があります。だからこそ、あなたがこれから行おうとしている技法を、「つねに研究全体の流れの中に位置付けてとらえる」ことが大切なのです。

4. 研究のプロセス全体の中での質的研究

Aさんのマインド・マップでは、質的研究で用いられるデータ収集の技法が数多く挙げられています。Bさんのマインド・マップでは、「質的研究」と「量的研究」におけるデータ収集、分析の技法が挙げられています。Bさんのように、量的研究との対比によって質的研究を捉えている人は多いと思います。また、Aさん、Bさんのように、質的研究と聞いたときに、データ収集、分析の技法をイメージした人は多いのではないでしょうか。

しかし、質的研究を特徴づけるのは、データ収集、分析の技法だけではありません。佐藤郁哉（2002a）は、技法、データ、報告書の文体という3つの次元から、定量的調査（量的調査）と定性的調査（質的調査）の区分を検討しています。そして、量的調査・質的調査を、「3つの次元の区分を組み合わせ」て、「最大公約数的」に、次のように定義しています（p.167）。

定量的調査 「統計データの分析やサーベイ調査の結果をもとにした社会調査の※技法
ように、数値データを中心にして分析を進め、その結果については、主にグラ※データ
フや数値表あるいは数式などで表現するような調査のやり方」※報告書の文体

定性的調査 「主にインフォーマル・インタビューや参与観察あるいは文書資料
や歴史資料の検討などを通して、文字テキストや文章が中心となっているデー
タを集め、その結果の報告に際しては、数値による記述や統計的な分析という※データ
よりは日常言語に近い言葉による記述と分析を中心にする調査法」※報告書の文体

(佐藤、2002a、p.167)

佐藤の3つの次元は、研究のプロセスにおいて質的研究の特徴を捉える上で、参考になります。技法は、データを収集し、分析するための研究手法に関する次元です。データは、収集されるデータの性質に関する次元を表します。質的

研究の場合、簡単には数値化されない、文字テキストをデータとすることが多いです。報告書の文体は、最終的に書き上げられる研究論文の文体に関する次元を指します。質的研究の場合、「日常言語に近い言葉」によって、物語のように、読みやすく、臨場感のある文体で書かれることが多いです。

　しかし、佐藤（2002a）も指摘するように、実際の研究では、必ずしも上記のような「最大公約数的な定義にあてはまらない調査研究も少なくありません」（p.168）。例えば、質的調査と量的調査を併用した研究です。また、定量的データをもとにしていても、具体的な事例についての記述や研究協力者の生の声を多数引用するなどして、読みやすい文体で書かれた研究もあります。あるいは、質的研究であっても、字数制限のある論文に書き上げる場合、表やグラフを使い簡潔に記述する場合もあります。

　このような現状を踏まえると、「質的研究」対「量的研究」という、二項対立的な見方には意味がないことが分かります。質的研究、量的研究、どちらも、技法、データ、文体という点で特徴はありますが、両者の区分は絶対的ではないのです。

　大切なのは、こうした研究のプロセスを踏まえて、あなた自身が目的に応じた選択をすることです。どのような技法を用いて、どのようなデータを扱い、どのような文体で論文を書き上げたいのか。こうした選択もまた、あなたの研究関心、問い、立場に根差しているのです。

5. 多様な質的研究に共通する特徴

　佐藤が提示した質的研究の定義は、技法、データ、文体という技術的な定義でした。今度はもう少し踏み込んで、質的研究に共通する考え方や立場を検討していきましょう。

　とはいえ、質的研究と一言で言っても非常に多様です。この点は、多くの研究者が同意しています。例えば、デンジンとリンカン（2000/2006）は、「質的研究は、それ固有の明瞭な方法や慣行のセットを持っているのではな」（p.7）く、様々な理論パラダイムにおいて、また様々な学問において利用され、多岐にわたる研究実践を行っていることを指摘しています。また、フリック（1995/2002）は、「質的研究の理論と方法は一枚岩のものではない」としたうえで、「質的研

究の分野でみられる議論や実践は、さまざまな理論的アプローチとそこから派生する様々な方法に関連して」おり、その背景には、「多様な道筋を辿って発展してきた」質的研究の歴史があると述べています（p.11）。

　このように多様な質的研究ですが、共通する基本的な特徴があることも指摘されています。

(1) 研究対象に適した方法と理論を用いる

　フリック（1995/2002）は、量的研究の限界を超える質的研究の特徴として、「方法と理論の研究対象への適切性」（p.7）を挙げています。この点が、質的研究に共通する第一の特徴といえます。

　「自然科学の厳密さを模範」とする諸科学では、「科学的」な方法を用いるために、次の点を研究立案の指針としてきました。それは、「原因と結果を明確に分離すること、用いる概念を明晰に操作化すること、現象を計測し、定量化すること、結果の一般化が可能な研究のデザインにすること、普遍妥当的な法則を公式化すること」です（フリック、1995/2002、p.5）。

　こうした指針に照らすと、研究対象を選ぶ際、その事象が統計的方法に適しているかどうかが重視されがちです。たとえば、十分な数のサンプルが集められない場合には、その事象は研究対象として適切ではないことになります。その結果、例外的な人や現象、例えば、マイノリティの人びとは、研究対象から除外されてしまうことになります。また、現実には、「たいていの現象は他の現象と合わさって起こり、明確に切り離すことは不可能」（フリック、1995/2002、p.8）です。量的研究では、こうした複雑な現象を研究対象から外さなければなりません。

　フリックは、このような問題を解決するための道が、「研究対象の複雑性に対して適切に開かれた研究の方法」である、「質的研究の道」だと述べます。つまり、質的研究の道においては、「現実において見られる現象を基準に研究方法が選ばれるのであって、その逆ではない」のです。（フリック、1995/2002、p.9）

　質的研究では、研究対象に最適な方法を選ぶがゆえに、研究対象は「その複雑な姿のままに、自然な日常の文脈の中で研究され」ます（フリック、1995/2002、p.9）。メリアム（1998/2004）も、「人びとのしぜんな状態での行動を観

察するために、人びとやその場や状況や機関に、実際に出向く」ような「フィールドワークをともなう」ことを、質的研究の特徴の一つに挙げています（p.10）。質的研究はまた、量的研究では顧みられない「例外的な状況や人物」も研究対象として取り上げるため、現実の中の多様性に対応することが可能になります（フリック、1995/2002、p.9）。

　研究対象に適した方法と理論を用いるという点は、研究を行う上でとても重要です。方法ありきで研究対象を選んでいないか、研究対象と問いに対して、自分が選んだ方法と理論は本当に最適なのか、自問する必要があります。そして、既存の方法が自分の選んだ研究対象に合わないのであれば、自分で独自の方法を考え出すことも必要なのです。

(2) 現象や出来事の内側からの理解を目的とする

　質的研究に共通する第二の特徴は、研究される現象や出来事の内側からの理解を目的とする点です。「内側」というのは、「当事者の視点」（フリック、1995/2002、p.9）、あるいは「emic または内部者の視点」（メリアム、1998/2004、p.9）とも言い換えられます。

　多くの質的研究は、「『われわれの日常世界は、人々がその社会的世界と相互作用しあうことによって構築されている』」（メリアム、1998/2004、p.9）という考え方に立脚しています。こうした考え方に基づいて、質的研究を行う人は、「人びとが構築してきた意味」（メリアム、1998/2004、p.9）や、「さまざまな『行為者 actor』によって構築された現実」（フリック、1995/2002、p.35）を理解しようとするのです。すなわち、「人びとが、この世界と世界のなかで培ってきた諸経験に対して、いかなる意味づけをするのか」（メリアム、1998/2004、p.9）や、「会話や談話の中で」「相互行為的に作り出され」た「現象」を通して構築された「現実」（フリック、1995/2002、p.35）を研究対象とするのです。

(3) 研究者の主観も研究の一部とみなす

　質的研究に共通する第三の特徴は、調査をする人間（研究者）が、「データ収集と分析の主たる道具である」（メリアム、1998/2004、p.10）という点です。質問紙や計器等の道具とは異なり、人間は、調査の文脈に柔軟に対応し、その場に合ったデータ収集の技法を用いたり、全体の文脈を考慮して分析したりす

ることができます（メリアム、1998/2004）。

　その一方で、人間が質的研究の主たる道具であるがゆえに、「すべての観察と分析は、その人間の世界観や価値観や観点のフィルターのかかったものとなる」（メリアム、1998/2004、p.32）点には留意する必要があります。この点は、質的研究の短所と思われがちですが、そうではありません。フリック（1995/2002）は、次のように指摘しています。

> 研究者の側の主観性も研究対象の側の主観性と共に研究プロセスの一部とみなされるのである。フィールドにおいて研究者に起こる自分の行為や観察に関する反省、印象、いらだち、感情などは、独自の正当性をもってデータとみなされ、調査日誌や文脈記録の中に書き留められて、解釈の一部となる。（pp.10-11）

　つまり、「研究対象の側の主観性」に注目する質的研究において、「研究者の側の主観性」は、研究の質を落とすのではなく、むしろ、「研究プロセスの一部」として、また、「独自の正当性をもっ」たデータとして、記録・解釈の対象とみなされるのです。

　だからこそ、質的研究において、研究者が自分自身の主観を省察することが重要になります。リンカンとグーバ（2000/2006）は、「調査者としての自己」を「批判的に内省する過程」が「再帰性」であると定義します（p.163）。研究者は、調査のフィールドに、重層的な自己を持ち込みます。さらに、その自己は、調査の状況の中で形作られ、変化します。こうした自己は、研究対象となる人々との相互作用を方向づけ、記述・解釈の過程にも影響を与えます。再帰性は、研究の過程と関連させて、研究者自身の「自己」に疑問を投げかけ、省察する過程なのです。

(4) 研究のプロセス全体において重要なテクスト

　質的研究に共通する第四の特徴は、研究のプロセス全体において、十分に記述的なテクストが重要であるという点です（メリアム、1998/2004；フリック、1995/2002）。

　データ収集の段階において、調査のフィールドで起きた出来事やその場の状況、会話、それらに対する研究者自身の考察は、フィールドノーツとして、文字テクストの形で記録されることによって、分析可能なデータとなります。録音されたインタビュー会話は、文字起こしされることで、分析可能なデータに

なります。文献研究を行う場合には、文字、写真や動画、音を含む多様なテクストが、分析対象のデータとなります。データを解釈する段階においては、複数の事例に共通する「潜在的な意味の構造は、ディテールに富んだテクストを用いてはじめて再構成され」(フリック、1995/2002、p.35)ます。さらに、論文として研究結果を報告する段階でも、「調査参加者自身の生の声、文献からの直接的引用、ビデオからの抜粋というかたちのデータ」を組み込みながら、「文脈や登場人物や関心の対象となった活動」が、研究者によって豊かに記述されます(メリアム、1998/2004、p.11)。

前節の佐藤郁哉(2002a)の定義でも見たように、質的研究においては、「数字よりはことばや写真のほうがよく活用され」(メリアム、1998/2004、p.11)、「テクストが再構成と解釈の基礎となる」(フリック、1995/2006、p.35)のです。

(5) 個別・具体的な事例再構成を出発点とした帰納的な方策

質的研究に共通する第五の特徴は、個別・具体的な事例の再構成を出発点とした帰納的な方策を用いるという点です。

質的研究の目的は、既成の理論の検証というよりは、むしろ、実証的なデータに基づいて新たな理論を構築したり、「現象の新たな側面を発見したり」(フリック、1995/2002、p.9)、「抽象物や概念や仮説」(メリアム、1998/2004、p.11)を作り出すことにあります。そのため、既存の理論に事例を当てはめる演繹的な方策よりも、個々の事例から理論を導き出していく、帰納的な方策が選ばれることが多いです。帰納的な方策を、フリック(1995/2002)は、「出発点としての事例再構成」(p.34)として、次のように説明します。

> 比較や一般化をする前に、個別の事例をある程度の一貫性をもって再構成することである。たとえば、まずひとつの主観的理論、単独の会話、個別の事例を再構成し、それから他の事例の再構成へと進み、そして再構成の結果を比較して(さまざまな主観的理論、さまざまな異なった会話、さまざまな事例の構造)のタイポロジー(類型論)を形成するというやり方である。(p.34)

最終的に、比較や一般化を通して理論を構築しようとする場合でも、個別の事例を、具体的に、「一貫性をもって再構成すること」が出発点となるのです。

以上、質的研究に共通する五つの特徴を見てきました。これらの特徴を踏まえて、次の問いについて考えてみましょう。

問1. 質的研究が適しているのはどのような研究でしょうか。

問2. あなたがこれから行おうと考えている研究では、どのようなことを明らかにしようとしているでしょうか。それを明らかにするために、質的研究は適していますか。それはなぜでしょうか。

【さらに学びたい人のために】

フリック，U.（2002）『質的研究入門―〈人間の科学〉のための方法論』（小田博志・山本則子・春日常・宮地尚子訳）春秋社（原著は 1995）

メリアム，S. B.（2004）『質的調査法入門―教育における調査法とケース・スタディ』（堀薫夫・久保真人・成島美弥訳）ミネルヴァ書房（原著は 1998）

Creswell, J. W., & Poth, C. N. (2018). *Qualitative inquiry and research design: Choosing among five approaches* (4th ed., International student edition). Sage Publications.

Silverman, D. (2000). *Doing qualitative research: A practical handbook*. Sage Publications.

論文作成ワーク 論文の要素をとらえよう

　皆さんはこれから、たくさんの論文を読み、自分の研究成果を報告する論文を書いていきます。そのために、ここでは、論文にはどのような要素が必要かを考えていきましょう。

　論文に何をどのような順番で書くかについて、厳密な規定はありません（学会や研究科、ゼミによっては、規定を示している場合もあります）。しかしながら、読者にとって分かりやすく研究成果を示すために、普及している慣習があります。質的研究の論文の多くは、こうした論文作成の慣習に則っています。その一方で、質的研究の結果をより生き生きと描くために、従来の論文作成の慣習に縛られず、新しい表現方法を探求する動きも大きくなりつつあります。

1 一般的な科学論文の構成要素

　自然科学系の分野における論文は、IMRAD と呼ばれる構成をとることが一般的です。これは、Introduction（序論）、Methods（方法）、Results（結果）、And Discussion（考察）の頭文字をとったものです。では、人文社会科学系の論文ではどうでしょうか。

　佐渡島・吉野（2008）は、人文社会科学系の研究を、データ収集法による分類に基づき、文献研究（literature-based study）と実証研究（empirical study）に二分類[2]したうえで、それぞれの一般的な論文の構成を次のように示しています。

---

2) 佐渡島・吉野（2008）は、「文献研究とは既に存在している資料をもとに、新たな発見を導き出す研究手法のこと」（p.124）であり、実証研究は、「『何らかの体験をもってデータを作り出し、新たな発見を導き出す研究手法』である」（p.128）と説明しています。

(1) 文献研究の構成要素

（要旨）Abstract
　論文全体の要約（研究の目的、方法や理論、資料、結果、結論など）
（目次）Table of Contents

序論　Introduction
　▲研究のテーマとその範囲
　◎研究の目的
　▲先行する研究と本研究との関係
　◎使用する資料
　◎論文の構成

本論　Body（いくつかの章）
　◎研究の結果と解釈
　　　Ⅰ
　　　Ⅱ
　　　Ⅲ
　　　〜

結論　Conclusion
　◎研究結果まとめ
　◎結果に関する考察
　▲先行研究との関係から言える点／社会との関係から言える点
　▲今後に向けて（残された課題）

注記　Footnotes（本文の終わり、または各章の終わり、または各ページの終わりに）
参考文献　References ／ Bibliography
資料　Appendices

佐渡島・吉野（2008）、pp.127-128 より転載

(2) 実証研究の論文の構成

（要旨）Abstract
（目次）Table of Contents

（表のリスト）List of Tables
（図のリスト）List of Figures

▲　I　序章 Introduction
　　　研究テーマは何か。研究テーマの範囲はどこまでか。研究テーマにはどのような背景があるか。なぜこのテーマは重要なのか。（テーマと社会問題との関連性、テーマを選んだ動機、経緯など。）
◎　II　研究の目的 Research Objectives
　　　具体的に何を発見したいのか。（細分化した研究の問い。）
▲　III　先行研究 Review of Relevant Studies/Literature Review
　　　この研究がこの学問領域においてどのように新しいか。（先行研究がこのテーマについて発見したことは何か。残されている課題は何か。
◎　IV　研究方法 Methods/Methodology
　　　どうやって研究をするのか。
◎　V　研究結果 Results/Analyses
　　　研究をしたらどうなったか。
◎　VI　考察 Discussion
　　　研究結果をどう解釈するか。（研究目的は達成されたか。方法に問題はあったか。）
▲　VII　結論 Conclusion
　　　この研究は学問領域、実社会にどのように貢献するか。（この研究の限界は何か。今後に残された課題は何か。）
注記　Footnotes（本文の終わり、または各章の終わり、または各ページの終わりに）
参考文献　References/Bibliography
資料　Appendices

佐渡島・吉野（2008）、pp.129-130 より転載

　文献研究の場合、序論、本論、結論という構成を取り、さらに本論が複数の章に分けられています。実証研究の場合、かなり細かい章立てになっています。この点について、佐渡島・吉野（2008）は、上記の「章立ては、最も細かく章を作った場合の例」であり、「論文雑誌などに載せる論文では、紙面の都合もあり、もう少し章をまとめることが多くな」ると指摘しています（p.130）。例

えば、Ⅰ序章とⅡ目的を合わせて、あるいはⅠ序章とⅡ目的とⅢ先行研究を合わせて「序章」とする、Ⅴ結果とⅥ考察を合わせて「結果」または「結果と考察」とする、Ⅵ考察とⅦ結論を合わせて「考察と結論」または「結論」とする、Ⅴ結果とⅥ考察とⅦ結論を合わせて「結果と考察」または「結論」とする、等です（p.130）。

　文献研究と実証研究では、章立てに違いが見られますが、それぞれの構成要素を見ると、共通していることが分かります。例えば、文献研究の序論における「先行する研究と本研究との関係」は、実証研究における「Ⅲ先行研究」と共通します。また、文献研究における「使用する資料」は、実証研究における「Ⅳ研究方法」にあたると考えられます。

　このように、章立ての細かさや見出しの付け方に違いが見られるものの、論文を構成する要素においては、文献研究も実証研究も、概ね共通しているといえます。実証研究の論文における「Ⅰ序章」「Ⅱ研究の目的」「Ⅲ先行研究」までを序論（Introduction）、「Ⅵ考察」と「Ⅶ結論」を考察（Discussion）とする場合を考えると、前述の、IMRADとも共通することが分かります。

2 多様化する質的研究論文――従来の慣習に変わる新たなスタイルの探求

　質的研究の場合も、上述の、一般的な論文の構成要素を備えて書かれている論文が多くみられます。しかし、章の分け方や、章タイトルの付け方は、非常に多様です。より生き生きと、読者に伝わりやすいように、章タイトルの付け方や、章を構成する順番に、工夫がなされている論文も多いのです。

　さらに、質的研究では、従来の慣習に変わる新たなスタイルで、研究成果を表現する実践が広がりつつあります。リチャードソン（2000/2006）は、質的研究の新しい表現の実践として、次のように、多様な例を挙げています。自己エスノグラフィー、フィクション物語、詩、戯曲、パフォーマンス・テクスト、多声法テクスト、読者朗読劇、応唱つき読み物、アフォリズム、喜劇と風刺、視覚化、寓話、対談、重層的記述、著述の物語、ジャンル複合です。そして、それらを「創造的かつ分析的な実践に基づくエスノグラフィー」（creative analytic practice ethnography：CAPエスノグラフィー）と総称しています（p.323）。

こうした新しい動きの背景には、従来の「科学的な」論文の書き方への問題提起があります。従来の慣習では、著者である研究者の背景や志向を消し去り、研究対象についての記述だけを淡々とつづることになります。しかし、研究者の主観や立場、研究対象との関係性は、研究結果も解釈も、方向付けます。また、研究対象となった人々については赤裸々に書き、著者である研究者自身については沈黙する従来の書き方では、研究者と研究対象者との間に、大きな権力格差を生み出します。さらに、従来の書き方では、研究対象となる人々の経験を、生き生きとリアリティをもって再現しにくく、読者が、経験の当事者ではなく、学術界に身を置く人に限定されてしまうという問題があります。

このような問題を乗り越えるために、質的研究者たちは、様々な表現の実践に取り組んでいるのです（第10章参照）。日本でも、著者である研究者自身を批判的に省察し、記述する取り組みや、対談形式で論文を記述する取り組み等も見られます。今後、さらに様々な形態で、質的研究の成果が発表されていくでしょう。

一方で、学術論文を読む多くの人びと（論文を評価する教授、学会誌の査読委員、学会員など）は、一般的な論文の慣習に則って、論文の要素を備えているかを評価します。CAPエスノグラフィーを推奨するリチャードソン（2000/2006）も、「科学は1つのレンズであり、創作的な芸術はまた別のレンズである。2つのレンズを使えば、より深くみえるようになる。私は、2つのレンズの両方を使って物事を見てみたい。」（p.334）と述べるように、「科学」の視点を落としては、研究とはみなされません。

ですから、これから初めて論文を書く、あるいは質的研究に取り組む場合には、一般的にはどのような要素が論文には求められているのかを理解しておくことが重要です。新しい方法に挑戦する場合には、従来の論文の慣習を踏まえ、そのどこをどのように乗り越えようとしているのかを自覚する必要があります。

そこで、本書では、一般的、基本的な論文の構成要素を提示していきます。そして、その要素ごとに、何を、どのように書くと、読者にとって分かりやすいのかを検討していきます。

本書では、表1に示す評価シートを使って、あなた自身や仲間の論文を評価していきます。この評価シートを使って、論文に求められる構成要素を備え

ているか、その内容はどうかを点検していきます。そして、その結果をもとに、よりよい論文になるよう、論文を修正していきます。

　この評価シートは、論文全体が完成してからだけでなく、一つひとつの章を書きあげた時にも、使うことができます。書き上げた章のできばえを点検し、修正しながら、論文作成を進めていきましょう。

　さらに、この評価シートは、先行研究を批判的に読み解くための指標ともなります。各構成要素の役割を理解した上で先行研究を読むと、書かれている内容を把握しやすくなります。また、書かれた論文のよい点、不十分な点が分かりやすくなります。先行研究を批判的に読む習慣をつけておくと、自身の論文に先行研究を引用する際、とても役立ちます。

活動2. あなたが関心を持つ学問分野の学術雑誌から、質的研究を用いて書かれた論文を3本選び、その章立てを書きだしてみましょう。

※学術雑誌、論文の検索の仕方⇒ **コラム1** を参照

活動3. あなたが選んだ論文の章立てと、表1で示した一般的な論文の構成要素を比較しましょう。各章は、表1のどの構成要素と対応しているでしょうか。論文にはあって表1にはない構成要素はありますか。あるいは、表1にはあって論文にはない構成要素はありますか。

表1　評価シート

評価項目	評価観点	評価点
序章	○追究するテーマが、学術的、社会的に価値あることを、説得力を持って述べられているか。 ○研究の問いが適切か。	／5
先行研究	○新しい研究成果を目指していることを十分な先行研究の検討によって示しているか。 ○先行研究の検討によって、研究者がよって立つ理論的パースペクティブが読者に伝わるか。	／5
研究方法	○研究目的を遂行するために適切な研究方法がとられているか。	／5
研究結果・分析	○データの提示、分析・解釈は適切かつ十分か。	／5
考察	○問いに対する答えが出たか。 ○深い洞察をもって考察しているか。	／5
結論	○研究の意義と課題が述べられているか。	／5
総評		／30

コラム1　学術雑誌、論文を検索する

　高校時代や学部生時代に図書館でよく手に取った文献は、「本」ではないでしょうか。卒業論文を書く時や、大学院で研究をする時は、「本」よりも「学術雑誌」をより多く参照します。「学術雑誌」は、多種多様な学会が発行している雑誌で、専門的かつ最新の研究成果を発表した論文等が掲載されています。自分の研究テーマに関連する内容の先行研究を探すために、学術雑誌に載っている論文を読むようにしましょう。

　では、学術雑誌に掲載されている論文はどうやって探せばよいでしょうか。図書館の蔵書検索システムは、図書館にある「本」を探すので、学術雑誌を見つけることはできます。しかし、その雑誌の中身、つまり掲載されている論文を探すことはできません。個々の論文を検索するためには、論文を検索するためのデータベースを利用します。

　日本で刊行された学術雑誌を検索するためによく利用されるのが、「CiNii Articles」[1]です。学会等や大学が発行している学術雑誌、国立国会図書館の雑誌記事索引データベースなどの学術論文情報を検索することができるデータベースです。他には、J-STAGE[2]、Google Scholar も利用できます。英語で刊行された学術論文を検索するデータベースも複数あります。各大学で、契約しているデータベースがありますので、大学の図書館の学術情報検索システムを確認してみましょう。詳しい使い方を知りたい場合は、ぜひ、図書館司書に質問しましょう。丁寧に教えてくれるでしょう。

　関心あるテーマを表すキーワードを入力して論文を検索してみましょう。検索結果が多すぎる場合は、さらにキーワードを追加したり、検索条件を絞ったりしましょう。検索結果が少なすぎる、あるいは0件である場合は、キーワードが特殊すぎたり、キーワードが多すぎると考えられます。キーワードをもう少し一般的なものに変えてみましょう。

　データベースを使って自分の研究に有益な論文を数多く見つけることが、研究の第一歩です。様々な検索の方法を試して、検索の腕を上げていきましょう。検索した後の情報や文献の管理の仕方については、第4章を参照してください。

---

1) https://ci.nii.ac.jp/
2) https://www.jstage.jst.go.jp/browse/-char/ja

あなたはどんなレンズを通して世界を見るのか？
―研究を方向付ける研究者の立場―

　第1章では、あなた自身の関心、問い、立場を自覚して、それに合った研究法を選ぶことの大切さを繰り返し述べました。本章では、そのうち、研究者の立場を検討していきます。研究者の立場は、研究者がよって立つ、哲学的、理論的な考え方、ものの見方です。言い換えれば、研究者が研究対象を、そして世界をまなざすレンズです。本章では、研究における代表的な哲学的、理論的立場を概観します。そのうえで、あなた自身の立場を考えていきましょう。

　あなたは、どのようなレンズを通して、研究対象を、そして世界を見ますか。

1. 研究法に関わる用語の整理

> **活動1.** 次の用語は、いずれも研究法に関わるものです。しかし、異なるカテゴリーの用語が一緒に並べてあります。自分で考えたカテゴリーによって、用語を整理してみましょう。一つひとつの用語の意味を知らなくても、推量しながら分類してみてください。
>
> 質問紙　　構築主義　　半構造化インタビュー　　エスノグラフィー
> 参与観察　　言説分析　　アクション・リサーチ　　構造主義
> ライフヒストリー　　実証主義　　実験　　構造化インタビュー
> ナラティヴ分析　　ケース・スタディ　　客観主義　　主観主義
> 解釈的アプローチ　　批判的アプローチ　　フェミニズム
> サンプリング　　グラウンデッド・セオリー　　非関与観察
> フォーカス・グループ・インタビュー　　内容分析　　会話分析
> エスノメソドロジー　　非構造化インタビュー　　ポスト構造主義
> ポストモダニズム　　統計的分析

いかがでしたか。一つひとつの用語の意味が厳密に分からなくても、見たり聞いたりしたことのある用語を手掛かりに、なんとなく分類できたのではないでしょうか。

私のクラスの受講生たちの分類を見てみましょう。

【Cさんの例】

(1) 質的研究に関わる用語
主観主義、構築主義、解釈的アプローチ、批判的アプローチ、半構造化インタビュー、非構造化インタビュー、フォーカス・グループ・インタビュー、エスノグラフィー、参与観察、アクション・リサーチ、ライフヒストリー、ナラティヴ分析、ケース・スタディ、グラウンデッド・セオリー、会話分析、言説分析

(2) 量的研究に関わる用語
客観主義、実証主義、質問紙、実験、構造化インタビュー、サンプリング、非関与観察、内容分析、統計的分析

(3) その他（よく分からなかったもの）
構造主義、ポスト構造主義、フェミニズム、ポストモダニズム、エスノメソドロジー

Cさんは、質的研究との関連でよく見聞きする用語と、量的研究との関連でよく見聞きする用語に分類しています。確かに、半構造化インタビュー、非構造化インタビュー、参与観察等は、質的研究においてよく用いられる研究手法です。一方、質問紙や実験、非関与観察は、量的研究で用いられることが多い研究手法です。質的研究、量的研究についてのイメージをある程度持っている人にとっては、この分類は分かりやすいかもしれません。

しかし、うまく分類できていない用語もありますね。たとえば、「(2) 量的研究」に分類されている「サンプリング」です。サンプリングは、研究対象を選ぶための手続きを指すので、量的研究にも質的研究にも関わる用語です。また、「(3) その他」に、いくつかの用語が残ってしまいました。質的研究、量的研究という観点ではうまく分類しきれなかったのですね。さらに、(1)と(2)

に分類されている用語の中には、様々な異なるカテゴリーの用語が含まれています。例えば、「客観主義」と「質問紙」では、用語の抽象度がずいぶん違っていると思いませんか。(1) と (2) の中でも、もう少し整理ができそうです。

次に、Dさんの例を見てみましょう。

【Dさんの例】

> (1) ○○主義…研究者の立場に関わる用語
> 主観主義、客観主義、ポスト実証主義、実証主義、構築主義、構造主義、ポスト構造主義、ポストモダニズム、フェミニズム
>
> (2) △△論（セオリー）…理論に関わる用語
> シンボリック相互作用論、グラウンデッド・セオリー、解釈的アプローチ、批判的アプローチ
>
> (3) データ収集の方法に関わる用語
> 質問紙、実験、構造化インタビュー、半構造化インタビュー、非構造化インタビュー、エスノグラフィー、参与観察、非関与観察、アクション・リサーチ、ライフヒストリー、ケース・スタディ、サンプリング、フォーカス・グループ・インタビュー、エスノメソドロジー
>
> (4) データ分析の方法に関わる用語
> ナラティヴ分析、統計的分析、内容分析、会話分析

Dさんは、4つのカテゴリーに分けて用語を整理しようと試みました。だいぶ整理されてきましたね。

一つ目は、「○○主義」です。「○○主義」や「○○イズム」がつく用語を一つにして、「研究者の立場に関わる用語」をひとまとめにしています。

二つ目は、「△△論（セオリー）」です。「△△論」や「△△セオリー」、「△△アプローチ」がつく用語を一つにして、「理論に関わる用語」をひとまとめにしています。(1) がかなり抽象度の高い用語だとしたら、(2) はもう少し具体的な、個別の理論を指す用語として整理しているのですね。

(3) は、データ収集の方法、(4) はデータ分析の方法に関わる用語をそれぞれまとめています。(4) には、「分析」がつく用語が入れられています。

Dさんの分類は、研究法に関わる用語を、同じレベルの抽象度でまとめようとしているため、Cさんの例に比べるとかなりすっきりと整理されています。しかし、それぞれのカテゴリーに入れられている用語同士の関係を見ると、まだ、整理できるものがありそうです。

たとえば、「(3) データ収集の方法に関わる用語」に入れられている「エスノグラフィー」です。エスノグラフィーは、データ収集だけでなく、研究の目的、研究のデザイン、データの分析の仕方にも関わる用語です。また、完成した報告書そのものを指して使われることもあります。そのため、エスノグラフィーを「データ収集の方法に関わる用語」というカテゴリーに入れるのはふさわしくありません。また、エスノグラフィーを行う研究者は、フィールドにおいて、参与観察や様々な形態のインタビュー等を併用してデータを収集します。そのため、(3) の中に、「エスノグラフィー」と「参与観察」、「半構造化インタビュー」、「非構造化インタビュー」、「構造化インタビュー」、「フォーカス・グループ・インタビュー」が一緒に並んでいるのは、変ですね。これは、「学校」と「小学校」、「高校」を同じカテゴリーに入れてしまうようなものです。異なる抽象度の用語を、同じものとして並べているために、分類がうまくいっていないのです。

研究法に関わる用語を整理する方法やカテゴリー名の付け方に、正解や間違いはありません。どのような整理の仕方でも、研究をする人の理解を助けるのであれば、有益な整理です。しかし、CさんやDさんの例に見たような、複数のカテゴリーにまたがって分類できてしまう用語があったり、抽象度の異なる用語が一つのカテゴリーにまとめて並べられたり、どのカテゴリーにも分類できずに残ってしまう用語が多数出てきたりする場合は、研究する人の理解を助ける整理とはいえません。

残念なことに、学術論文や研究法に関する文献の中では、先に見てきたような異なるカテゴリーの用語が、ごちゃまぜに並べられていることが多々あります。また、用語の整理を試みた文献でも、研究者によって整理の仕方が異なったり、カテゴリーにつける名前が異なったりしています。そのため、研究を始

めようとする初学者は（そして、さらに研究を深めようとする、ある程度経験を積んだ研究者も）、文献を読めば読むほど、混乱してしまうという現状があります。

　本書でこれから示すのは、数ある整理の仕方の中の、一つです。それが、完全な整理の仕方であることはなく、他の研究者から見れば批判したい箇所は多々あるかもしれません。それでも、私にとっては、研究についての理解を深め、質的研究に取り組む上で、とても助けになりました。一つの枠組みを持っていると、その後、異なる整理の仕方に出会っても、二つを比較しながら理解を深めることができます。本書を読むあなたは、本書を足掛かりにして、さらに複数の文献を読んでみてください。

2. Crotty（1998）による「四つの要素」

　私が読んだ複数の文献の中で、一番理解の助けになったのは、Crotty（1998）による整理です。

　Crotty（1998）は、研究計画をする際に立てる問いとして、次の四つを示しています（p. 2）。

- どの**研究手法**（methods）を使うのか。
- 研究手法の選択と用い方を規定する**方法論**（methodology）は何か。
- 方法論の背後には、どの**理論的パースペクティブ**（theoretical perspective）があるのか。
- 理論的パースペクティブを方向づける**認識論**（epistemology）は何か。

　四つの要素は、それぞれ次のように定義されています（Crotty, 1998, p. 3、訳は筆者）。

- **研究手法**：研究の問いまたは仮説に関連したデータを収集し、分析するための技法または手続き。
- **方法論**：特定の研究手法の選択・使用の背後にある戦略、行動計画、過程、デザイン。また、特定の研究手法の選択・使用を、望んだ成果に結び付けるため

の戦略、行動計画、過程、デザイン。
・**理論的パースペクティブ**：方法論を方向づけ、研究過程に文脈を与え、研究過程のロジックと基準の基礎となる哲学的な立場。
・**認識論**：理論的パースペクティブと、それに方向づけられる方法論に埋め込まれた、知識についての理論。知ることについての理解の仕方。

　一つ目の、研究手法は、データ収集、分析に関わる、具体的な技法や手続きを指します。研究において、実際に何をするかという、行動に関わります。**活動1．**のリストでは、参与観察、半構造化インタビュー、実験、質問紙等が、研究手法に当たります。ただし、論文において研究手法を説明する場合、単に「インタビューを行った。」では不十分です。どのような種類のインタビューを、どのような技法を用いて、どのような状況で行ったのか、等、できるだけ詳細に特定する必要があります（Crotty, 1998, p. 6）。
　二つ目の、方法論は、研究の設計全体に関わるデザインを指します。なぜ個々の研究手法を用いるのか、個々の研究手法をどのように組み合わせ、何を目指そうとしているのか、といった、戦略に関わります。論文においては、単に研究デザインを説明するだけではなく、個々の研究手法を選ぶ理由も説明する必要があります。
　三つ目の、理論的パースペクティブは、方法論を方向づける、理論的、哲学的な立場です。理論的パースペクティブは、世界を見、それを意味づける仕方を表します。私たちは無数の前提をもって方法論を選択しますが、理論的パースペクティブを詳しく説明することによって、自分が研究に持ち込んでいる前提を説明するのです。理論的パースペクティブは、「メタアプローチ」（箕浦、2009a, p.3）、「パラダイム」（リンカン&グーバ、2000/2006）、「理論的立場」（フリック、1995/2002、p.22）等とも呼ばれます。
　四つ目の、認識論は、知ることに関わる理解の仕方、あるいは理論です。認識論は、「研究者と知られるものとの関係は何か」（デンジン&リンカン、2000/2006、p. 23）に関する、「学問の基底にある暗黙の前提的了解のこと」（箕浦、2009a, pp.3-4）を指します。ガーゲン（1999/2004）は、「認識論の中心にある課題は、個人の意識が外界に関する知識をどのようにして蓄えていくのかを理解することです。」（p. 14）と説明しています。研究を行う上で、認識

論は、どのような知識が可能かを決定するための、哲学的な土台となります。ですから、自分自身がどのような認識論に立つのかを自覚し、それを説明できるようにしておくことが必要なのです。

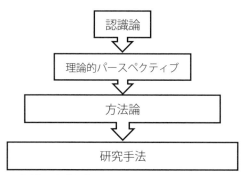

図1　四つの要素の関係（Crotty, 1998, p.4, Figure 1 より。筆者訳）

　Crotty（1998）が挙げた四つの要素は、**図1**のように関係し合っています。つまり、認識論が理論的パースペクティブの土台となり、理論的パースペクティブは方法論を、方法論は研究手法を方向づけます。研究手法や方法論を選んでから、それに合う理論的パースペクティブ、認識論を後から付け加えるのではないのです。同じ研究手法、たとえば、参与観察を採用していても、理論的立場、認識論が異なれば、全く違う目的、問い、方法論、研究手法、結果の記述の仕方をとることになるでしょう。

　活動1. で示した用語を、四つの要素に分けて整理すると、**表2**のようになります（ただし、この表はすべてを網羅しているわけではないことに注意してください）。

表2　四つの要素による用語の整理

認識論	理論的パースペクティブ	方法論	研究手法
客観主義 構築主義 主観主義 （およびその変種）	実証主義、 　ポスト実証主義 解釈的アプローチ 　・シンボリック 　　相互作用論 　・現象学 　・解釈学 批判的アプローチ フェミニズム ポストモダニズム 構造主義、 　ポスト構造主義 など	実験的研究 サーベイ研究 エスノグラフィー エスノメソドロジー グラウンデッド・セオリー アクション・リサーチ 言説分析 フェミニスト研究 ケース・スタディ 　など	サンプリング 質問紙 観察 　・参与 　・非関与 インタビュー 　・構造化 　・半構造化 　・非構造化 　・フォーカス・グループ ライフヒストリー ナラティヴ分析 内容分析 会話分析 　など

Crotty（1998、p.5）のTable1をもとに作成（一部改変）

　以下では、認識論と理論的パースペクティブについて、もう少し詳しく説明します。方法論については第7章、研究手法については、第5章、第6章、第7章で扱います。

3. 認識論

　認識論には様々なものがあり、その呼び方や定義も、統一されていません。認識論について深く理解するためには、哲学者たちの議論を、歴史的に丁寧に追ってみる必要があります。しかし、それは本書の範囲を超えています。本書では、これから研究を始める人にとって、自分や他者の立場を理解する助けとなる認識論を三つ挙げ、単純化した説明を行います。さらに理解を深めたい人は、それぞれの認識論について、あるいは、認識論に関わる歴史的な議論について、ぜひ、自分で様々な文献を読んでみてください。

　本書では、Crotty（1998）にならい、認識論を三分類して示します。(1) 客

観主義（objectivism）、(2) 構築主義（constructionism）、(3) 主観主義（subjectivism）です。

　なお、研究法に関する哲学的立場を議論する場合、認識論と存在論を切り離して論じることは困難です。存在論は、「存在に関する学問で、『何であるか』や、存在の性質や、現実それ自体の構造に関心を向けます」（Crotty, 1998, p.10）。Crotty（1998）は、存在論は認識論と並んで、理論的パースペクティブを方向づけると述べます。なぜなら、個々の理論的パースペクティブは、何であるかに関する一定の理解の仕方（存在論）と、知るとは何を意味するかに関する一定の理解の仕方（認識論）の、両方を備えているからです（Crotty, 1998, p.10）。Crottyでは存在論を四つの要素には含めていませんが、理論的パースペクティブを説明する中で、それぞれの存在論的立場を説明しています。

　では、三つの認識論を、以下に見ていきましょう。

(1) 客観主義（Objectivism）

　客観主義では、「意味と、それゆえ意味のある現実は、いかなる意識の操作からも離れ独立して存在する」（Crotty, 1998, p.8）と考えます。Crotty（1998）は次のように、「木」を例に挙げて説明しています。

> 例えば、森の「木」は人がその存在に気づこうと気づくまいと、「木」である。それは、そのような種類の客体として（したがって「客観的に」）、「木－性」という本質的な意味を持っている。人がそれを「木」として認識する時、人はただ、そこにずっとあった意味を発見するのである。(p.8)

　客観主義では、意味や意味のある現実は、人の認識（主観）とは全く関係なく、客体の側にもともと備わっていると考える、というのがポイントです。

　客観主義的な認識論は、後に解説する「実証主義」という理論的パースペクティブの土台となる考え方です。そして、実証主義は、いわゆる「客観的」、「科学的」な研究としてイメージされる研究を支える考え方です。客観主義、そしてそれに根差した実証主義は、量的研究とリンクすることが多いですが、同様の立場で質的研究を行う場合も見られます。その場合、研究対象とする人々の意味や価値は客体化され、研究によって発見されるべき客観的な真実とみなされるのです。

(2) 構築主義（Constructionism）

二つ目の認識論は、構築主義[1]です。構築主義は、客観的な知識や意味がもともと存在しているという客観主義の考えを否定します。Crotty (1998) は、構築主義の見方を次のように説明します。

> すべての知識、そして、それゆえすべての意味ある現実として扱われるものは、人間の実践に付随する。それは、人間と世界との間の相互作用の中で、そして相互作用から構築され、本質的に社会的な文脈の中で発展し、伝えられている。(p. 42)

構築主義では、意味は、もともと対象の中に備わっているのではなく、人がその対象と相互作用する中で作られる（構築される）、と考えるのです。この、人と対象との相互作用は、個人的な、内面的なものにとどまりません。社会の中で、つまり人と人との相互作用を通して、構築され、発展し、伝えられていくのです。

構築主義は、質的研究を行う研究者の多くが拠って立つ認識論です。構築主義的認識論に立つと、どのような研究になるでしょうか。研究者は、現実社会における意味が、人びとの相互作用によってどのように構築されているかに関心を向けるでしょう。また、研究者もまた主観をもって研究対象と相互作用を行い、意味を構築していくと考えるでしょう。そのため、研究結果は、客観的

---

[1] 構築主義は、constructionism の日本語訳ですが、訳し方は統一されていません。さらに、英語でも、social constructionism と、「social」を加えた呼び名もあります。そのため、日本語では、「構築主義」（例えば、デンジン＆リンカン編、2000/2006、上野編、2001）の他に、「社会構成主義」（例えば、ガーゲン、1999/2004）、「社会的構築主義」（バー、1995/1997）等と訳されています。「社会」「社会的」を付して訳すのは、constructionism と constructivism を区別するためです。constructivism は、「なにが『現実』として見えるのかは、その生物学的有機体に備わった固有の器官の働きによって決定されるとする立場」で、「自己がいかに言語を通して外界を認知するのかという『枠づけ (framing)』の過程を明らかにするもの」として、主に認知心理学の分野で使われてきました（千田、2001、p.14）。constructivism は、「生物学的本質主義を温存している」点と、「言語が所与のものと考える」「社会的・文化的本質主義を採用する」点において、constructionism とは明確に異なります（千田、2001、p.15）。constructivism が日本語では「構成主義」と訳されてきたため、区別するために、constructionism を、構築主義、あるいは「社会構成主義」と訳すのです。

な真実ではありえず、研究者の主観やバイアスを排することは不可能です。むしろ、研究者の主観を明示し、研究過程における相互作用を透明化することによって、どのように研究者の解釈が構築されたかを示すでしょう。

(3) 主観主義（Subjectivism）

三つ目の認識論は、主観主義です。主観主義について、Crotty（1998）は次のように説明しています。

> 主観主義において、意味は主体（subject）と客体（object）の相互作用からは生まれない。そうではなく、意味は主体によって、客体に押し付けられるのである。ここでは、客体そのものは、意味の生成において何の貢献もしない。ここで、構築主義では何か（客体）から意味が構築され、主観主義では何もないところから意味が創造される、と言いたくなる。しかし、人間は、そこまで創造的ではない。主観主義においてさえ、我々は、何かから意味を作り出すのである。我々はどこか別の場所から意味を持ち込む。（中略）意味は主体と客体の間の相互作用以外のどこかから来る。(p.9)

意味の生成において客体そのものは何も関わらない、という点が、主観主義と構築主義の大きな違いです。

主観主義は、構造主義やポスト構造主義、ポストモダニズムの考え方に見られます（Crotty, 1998）。構造主義は、「社会的現実の表層そのものが我々に語ることは非常に少な」く、「社会的形態の真なる理解のためには、我々は根底の深層構造を見極めることが必要である」と考えます（プラサド、2005/2018、p.97）。ポストモダニズムとポスト構造主義は、「言語や我々自身の想像の外にある具体的で触知し得る、真正な現実が存在すると想定」するのではなく、「『真なるもの（truth）』と現実」を作り出す「源としての言語（language）それ自体に焦点を置」きます（プラサド、2005/2018、p. 247）。このような考え方に、主観主義が見て取れます。世界を理解するために探究すべきは、外的な（客観的な）世界ではなく、人が作り、また人を規定する深層構造や言語なのです。

以上、三つの認識論を見てきました。それぞれの認識論のポイントと相互の違いは、明確になったでしょうか。上記の説明を読んでみて、あなたはどの認識論に最も共感しましたか。最も納得する認識論はありましたか。あなたの今

までの考え方を振り返り、自分はどの認識論に立っていたのかを考えてみてください。

4. 理論的パースペクティブ

　三つの認識論のうちいずれかを土台として、様々な理論的パースペクティブがあります。理論的パースペクティブは、「方法論を方向づけ、研究過程に文脈を与え、研究過程のロジックと基準の基礎となる哲学的な立場」でしたね。

　理論的パースペクティブは様々ありますが、ここでは、人文社会科学における質的研究に関わりの深いものをとりあげます。

　箕浦（2009a）は、「フィールドワークという研究法が使われている人間科学―心理学・社会学・教育学・文化人類学・経営学など―」では、「実証的、解釈的、批判的の3つのメタアプローチが併存している」と言います（p.3）。メリアム（1998/2004）もまた、教育調査の基本的3形態として、「実証主義的（positivist）・解釈的（interpretive）・批判的（critical）」を挙げます（p.5）。Crotty（1998）は、この三つにフェミニズム、ポストモダニズムを加え、詳しく説明しています。プラサド（2005/2018）は、実証主義的な伝統に替わる包括的なメタ伝統として、(1) 解釈的、(2) 構造主義的、(3) 批判的、(4)「ポスト」的伝統の四つを挙げています。プラサドは、フェミニズムは批判的伝統の中の一学派として位置づけています。一方、Crottyは、構造主義、ポスト構造主義を、ポストモダニズムとの関連で説明しています。

　ここでは、(1) 実証主義、(2) 解釈的、(3) 批判的、(4)「ポスト」的の四つを取り上げます。

(1) 実証主義（positivism）

　実証主義は、客観主義に根差した理論的パースペクティブです。実証主義では、「誰の目にも同じように見える客観的世界が厳として実在することを当然視し」、「この世界の斉一性・合則性が確かに存在するものとみな」す存在論的立場に立ちます（箕浦、2009a、pp.4-5）。実証主義においては、日常世界の現実は、「静的で、観察・測定可能なもの」と捉えられます（メリアム、1998/2004、p.5）。それゆえ、「科学の目的は、世界が実際どのようなものであるか

について真なる記述をすること」となります（箕浦、2009a、p.4）。そのためには、「科学的で実験主義的な調査」を行い、「客観的で定量的」な知識を得ることが、研究者に求められます（メリアム、1998/2004、p.5）。

　メリアム（1998/2004）は、ハイスクールでのドロップアウトに関する調査に研究者がどのように取り組むかという例を挙げて、実証主義の特徴を説明しています。

> 実証主義者の観点からすれば、「生徒は、自尊心の低さゆえにハイスクールを中退する」という仮説の設定から話を始めるかもしれない。それから、そうした生徒の自尊心を高めるための介入プログラムをデザインすることになろう。可能な限り多くの変数をコントロールした実験の場を設定し、その結果を測定することになろう。(p.6)

この例のように、実証主義的アプローチでは、人の行動や心理を対象にする場合であっても、仮説検証型で実験的な研究デザインを採用するでしょう。また、研究の結果は一般化され、問題解決のためのプログラムやモデルを提示することが目指されるでしょう。

(2) 解釈的（interpretivism）

　解釈的アプローチは、構築主義に根差した理論的パースペクティブです。「解釈的アプローチは、社会的世界を知るために、人による解釈（human interpretation）を出発点にしようとする学術的立場から出現し」ました（プラサド、2005/2018、p.11）。解釈的アプローチには、様々な学派がありますが、それらの学派に共通する点は、人びとがどのように意味を構築しているのかを重視する点です。解釈的アプローチにおける目的は、「社会生活のあらゆる側面における主観的な現実構築のプロセスを理解すること」です（プラサド、2005/2018、p.13）。つまり、因果関係の説明や、人びとの世界に介入し変化を起こそうとするのではなく、理解することが目指されるのです。

　解釈的アプローチは、また、「現実構築の社会的（social）な次元」を強調する点においても、学派を超えて共通しています（プラサド、2005/2018、p.13）。人びとの主観的な解釈を重視しているといっても、その解釈は、より広い社会において構築された言語や枠組みによって大きく規定されるからです。

　解釈的アプローチの研究者であれば、ハイスクールのドロップアウトに関す

る調査に、次のように取り組むでしょう。

> 未修了者自身の観点からみたドロップアウトの経験を理解することに関心を示すであろう。あるいは、未修了者と、苦しい状況にあってもハイスクールを終了したものとを区分する要因を発見することに関心を示すかもしれない。生徒にインタビューをしたり、学校の内外でおそらく彼らを観察したり、カウンセラーの報告書や個人の日記などの文献を調べたりするであろう。（メリアム、1998/2004、pp.6-7）

この例からも、解釈的アプローチでは、当事者自身の主観的な意味づけを理解することに主眼が置かれているのが分かりますね。

（3）批判的（critical inquiry）

批判的アプローチもまた、構築主義に根差した理論的パースペクティブです。批判的アプローチは、解釈的アプローチと同様、現実は社会的に構築されていると考えます。しかし、批判的アプローチは、「こうした構築そのものがどの社会にもある権力関係や相反する利害によって媒介されていると考える」点において、「かなり懐疑的」です（プラサド、2005/2018、p.119）。批判的アプローチは、「社会がどのように編成されているかを、権力、支配、紛争というレンズを通して検討しようとする一組の知的な立場として特徴づけられる」のです（プラサド、2005/2018、p.119）。

批判的アプローチの目的は、批判と変化にあります。つまり、「システム全体を変える意図をもって、流布している前提や社会実践を継続的に批判する（critique）」のです（プラサド、2005/2018、pp.119-120）。この点において、批判的アプローチは、実証主義、解釈的アプローチと大きく異なります。現状を変えることを目的とするがゆえに、批判的アプローチにおける研究は、「人々の意識を縛っている諸力を明らかにし」、「現状を変革していく力を人々が得ること（empowerment）を重視し」ます（箕浦、2009a、p.5）。それゆえ、批判的アプローチをとる研究では、「参加的・社会活動的要素をつよくもつ」（メリアム、1998/2004、p.6）場合があります。たとえば、「当事者参加型アクションリサーチの多くは、批判的アプローチに依拠してい」ます（箕浦、2009a、p.5）。

批判的アプローチをとる学派は多様であり、研究対象とする人々も、「女性、労働者、貧困層、特定の民族的マイノリティなど多様な集団」ですが、「どれ

も抑圧と搾取に焦点を当てていることが共通してい」ます（プラサド、2005/2018、p.121）。

　ハイスクールでのドロップアウトに関する調査に対し、批判的アプローチでは、次のように取り組むでしょう。

>　批判的調査法の観点からすれば、調査者は、学校という社会制度が、社会のある成員や階層の利害を、他の層の者の犠牲のもとに、いかにして温存し永続化させるように構造化されるのかという点に関心を示すであろう。そこでは、学校が構造化されるやり方やある種の反応パターンを再生するメカニズム（たとえば、出席やテストや成績のレベルなど）などが調査されよう。ハイスクール未修了者と共同で研究をデザインし実行することもあるかもしれない。この問題の背後にある社会経済的・政治的・文化的原因への、こうした共同的調査や分析は、問題提起をするような社会的行為につながるように組まれるであろう（もし、未終了が生徒自身によって実際に問題視されているならばではあるが）。
>（メリアム、1998/2004、p.7）

この例からわかるように、批判的アプローチでは、社会制度における権力や利害の関係を批判的に暴き、抑圧された当事者自身がその状況を認識し変革できるようエンパワーする研究が志向されるのです。

　批判的アプローチでは、抑圧された人々の解放と、一部の人びとに権力を持たせる構造への批判を目指します。つまり、研究者は、初めから明確な価値観を持っています。これは、研究者の主観的な価値観を消し去ろうとする実証主義とも、人びとの多様な意味づけを、ありのままに理解しようとする解釈主義とも、大きく異なる点です。

(4)「ポスト」的

　最後に、「ポスト」がつくアプローチを見ていきましょう。接頭辞「ポスト」がつく用語には、ポストモダニズム、ポスト構造主義、ポストコロニアリズム、ポスト産業主義、ポスト資本主義、ポストフォーディズムなど様々ありますが、ここでは、ポストモダニズムとポスト構造主義に言及します。

　ポストモダニズムとポスト構造主義は、共に、「啓蒙運動以降の西洋哲学や科学の大きな体系を支える主要な考え」、つまり「近代西洋の思想全体」に対する「過激な批判をめざす知的な立場」です（プラサド、2005/2018、p.235）。「ポ

スト」という接頭辞は、モダニズム、あるいは構造主義に続く「後」の状態という意味に加えて、近代、あるいは構造主義からの決裂と再建を意味しています（プラサド、2005/2018）。

ポストモダニズムとポスト構造主義は、共に、「大きな物語」、すなわちメタナラティブを拒絶し、打破しようと試みます。メタナラティブとは、「広く共有された文化的ストーリー、いいかえれば神話、それを通して社会が自身を表現し、その社会のもっとも基本的な願望を実現させようとする神話」です（プラサド、2005/2018、p.246）。哲学や科学それ自体も、ポストモダニストやポスト構造主義者にとっては、近代のメタナラティブとみなされます。近代のメタナラティブは、「相反する考えや反対の考えを体系的に無視したり棄却したりするゆえに、構造的に欠陥がある」ため、ポストモダニストとポスト構造主義者は、「近代のメタナラティブによって踏みにじられたり、脇に追いやられたりしてきた人びとに焦点を置」き、彼らの「声を取り戻すこと」を目指すのです（プラサド、2005/2018、p.247）。ポストモダニズムとポスト構造主義は、価値中立的で「科学的」な見せかけの実証主義に対しても、社会のすべてを権力、支配、紛争という枠組みから一元的に捉え、人びとの自由や解放という理想主義的な目標を掲げる批判的アプローチに対しても、共に懐疑的です。

ポストモダニズムとポスト構造主義は、真実と現実へのアプローチの仕方についても共通しています。両者は、「言語や我々自身の想像の外にある具体的で触知し得る、真正な現実が存在すると想定」するのではなく、「『真なるもの (truth)』と現実の源としての言語 (language) それ自体に焦点を置」きます（プラサド、2005/2018、p.247）。ポストモダニズムは、「イメージの世界（たとえばテレビ、映画、インターネット）それ自体が現実を構成しているのみならず、他のものと同じくらい『リアル (real)』なものであると論じてい」ます（プラサド、2005/2018、p.247）。また、ポスト構造主義は、「言葉の意味は、非言語的な現実との関係にではなく、個々の言葉同士の関係に由来するという、構造主義におけるソシュールの見方を保持」しつつ、構造主義よりも「より一層、言語の起源に焦点を置」いています（Crotty, 1998, pp.203-204）。

共通点の多いポストモダニズムとポスト構造主義ですが、それぞれに特徴があります。プラサド（2005/2018）はそれぞれの特徴を端的に指摘しています。

単純化のリスクを犯していえば、ポストモダニズムは現代の消費文化の意味コー

ド（Baudrillard, 1983）と科学の言語（Lyotard, 1984）にこだわる傾向があるが、ポスト構造主義は社会組織の言語的機構（Foucault, 1973; 1977）や、どのようなテクストにも脱構築の可能性があるということ（Derrida, 1976）にもっと関心を寄せているといえよう。(p.236)

　ポストモダニズムも、ポスト構造主義も、当たり前のものとみなされてきた壁や境界（芸術と科学、学問分野の間などの）、優劣の序列（哲学を頂点とする思想の序列、男と女、持つ者と持たざる者など）を打ち崩し、それらがいかに作られてきたかを暴こうとします。

　「ポスト」がつくアプローチに立った研究はどのようになるでしょうか。ハイスクールのドロップアウトに関する調査を例に考えてみましょう。例えば、「ドロップアウト」という言説自体に疑問を投げかけ、それがどのように作られ、変化し、どのような実践を生んできたかを、教育学や社会学、あるいは行政などの分野におけるテクストからあぶり出そうと試みるでしょう。あるいは、メディアが作り出した「ハイスクールのドロップアウト」に関するビジュアル・イメージに注目したり、「ドロップアウト」当事者を含む様々な人々の声の多元性を示しながら、「ドロップアウト」をめぐる神話を打ち崩そうと試みたりするかもしれません。

5. あなたはどのような立場に立つのか

　本章では、研究を方向づける研究者の立場を検討してきました。特に、三つの認識論と、四つの理論的パースペクティブを見てきました。認識論、そして理論的パースペクティブによって、研究目的も、方法論も、研究手法も、研究結果の表現も大きく異なることが分かったと思います。

　だからこそ、自分の立場を明確に自覚して研究をすることがとても大切なのです。重要なのは、認識論、理論的パースペクティブ、方法論、研究手法という四つの要素が、一貫していることです。例えば、意味は人と現実との間の相互作用を通して、社会的に構築される（構築主義）という認識論に立ち、だからこそ、人びとのある経験に対する主観的・社会的な意味構築の過程を理解したいという目的をもって（解釈的アプローチ）、人の人生の物語に注目するライフストーリー法を採用し（方法論）、非構造インタビューを行い、ナラティ

ヴ分析を行う（研究手法）。これは、四つの要素が一貫しています。

　一方、認識論、理論的パースペクティブ、方法論、研究手法がちぐはぐな研究計画を、よく見かけます。一つひとつの方法論の背景には、それぞれに哲学的、理論的立場があり、それが発展してきた歴史があります。ですから、自分がある方法論を選ぶと宣言すると、その背後にある哲学的、理論的立場も、論文の読者に対して宣言していることになるのです。先行研究を用いて、自分の理論的枠組み（第4章参照）を示すときにも、その背後にある認識論、理論的パースペクティブを読者に示していることになります。認識論、理論的パースペクティブ、方法論、研究手法で、それぞれ異なる立場のものを選んで組み合わせてしまうと、いったいどのような視点から、何を目指している研究なのか、読者は混乱してしまいます。何よりも、研究している人自身が、研究の過程で道に迷ってしまうでしょう。

　だからこそ、自分自身の立場を自覚し、それを明確に示すことが大切なのです。では、あなたは、どのような立場に立って研究しますか。

活動2. あなたのテーマに対しどのようなアプローチが可能か考えましょう。
　あなたの研究テーマは何ですか。そのテーマに対して、異なる理論的パースペクティブに立った研究者は、どのようにアプローチするでしょうか。
　（1）実証主義的、（2）解釈的、（3）批判的、（4）「ポスト」的立場の研究者になったつもりで、それぞれ、次の点を考えてみましょう。友人やクラスメイトと一緒に考えるとよいでしょう。
　①どのような目的を追求しようとするでしょうか。
　②どのような研究法（方法論・研究手法）を採用するでしょうか。

活動3. あなたは、実証主義的、解釈的、批判的、「ポスト」的アプローチのうち、どの立場に最も共感しますか。あなたの研究テーマ、現時点での問い、想定している研究法は、実証主義的、解釈的、批判的、「ポスト」的アプローチの、どの立場に近いでしょうか。それはなぜでしょうか。友人やクラスメイトに話してみましょう。

【さらに学びたい人のために】

上野千鶴子編（2001）『構築主義とは何か』勁草書房

ガーゲン，K. J.（2004）『あなたへの社会構成主義』（東村知子訳）ナカニシヤ出版（原著は 1999）

デンジン，N. K. & リンカン，Y. S.（2006）「序章　質的研究の学問と実践」N. K. デンジン & Y. S. リンカン編『質的研究ハンドブック 1 巻—質的研究のパラダイムと眺望』（岡野一郎・古賀正義編訳）北大路書房（pp.1-28）（原著は 2000）

野村康（2017）「第 1 章認識論」『社会科学の考え方—認識論、リサーチ・デザイン、手法』名古屋大学出版会（pp.10-40）

バー，V.（1997）『社会的構築主義への招待—言説分析とは何か』（田中一彦訳）川島書店（原著は 1995）

プラサド，P.（2018）『質的研究のための理論入門—ポスト実証主義の諸系譜』（箕浦康子監訳）ナカニシヤ出版（原著は 2005）

フリック，U.（2002）「第 2 章理論的立場」『質的研究入門—〈人間の科学〉のための方法論』（小田博、山本則子、春日常、宮地尚子訳）春秋社（pp.22-37）（原著は 1995）

フレイレ，P.（2018）『被抑圧者の教育学（50 周年記念版）』（三砂ちづる訳）亜紀書房（原著は 1970）

Creswell, J. W., & Poth, C. N.(2018). *Qualitative inquiry and research design*: *Choosing among five approaches*（4th ed., International student edition）. Sage Publications.

Crotty, M.（1998）. *The foundations of social research: Meaning and perspective in the research process.* Allen & Unwin.

論文作成ワーク 先行研究における研究者の立場を読み解こう

　研究をする上で、自分の立場を自覚し、それを明確に示す必要があることを、繰り返し述べてきました。自分の立場を自覚するために有効なのは、たくさんの学術論文を読むことです。この論文の著者は、どのような立場から論じているのだろうと考えながら読むのです。たくさん読むうちに、自分はどのような立場に共感するのか、どのような立場には納得できず、時に腹立たしさやいらだち、反感を覚えるのかが分かってきます。先行研究に対して、自分はどう考えるのか。同じテーマに対して、自分ならばどのようにアプローチするだろうか。そのように考えながら読んでいくと、自分の認識論、理論的パースペクティブを自覚できるようになるでしょう。

　論文をただ読んでいるだけだと、どの論文に何が書いてあったのかを、後で思い出すのは難しいものです。論文の要点とそれに対する自分の評価をメモしておくと、自分の論文の中で先行研究をレビューする時、とても役立ちます。

活動4. 自分の研究テーマに関連のある論文を三つ選び、各論文の特徴（①から⑦）をまとめましょう。また、論文の出典を明記しましょう。

・論文の要点…①研究の問い、②データ収集、分析の方法、③結果、④結論（問いへの答え）
・論文に対する自身の評価…⑤当該研究の意義、貢献、⑥当該研究の問題点、限界
・⑦（1）実証的、（2）解釈的、（3）批判的、（4）「ポスト」的アプローチのうち、どの理論的パースペクティブに近いか。
・出典…著者名、発行年、論文タイトル、論文が掲載されている雑誌名、論文掲載ページ（ **コラム2** 参照）

　活動4. では、何らかの調査に基づいた研究論文を選びましょう。先行研究を網羅的にレビューした論文（レビュー論文や展望論文などと呼ばれます）や、研究者の思想や主張のみをつづった論稿もありますが、それらは避けます。**活動4.** では、これからあなたが研究を行い、論文を作成する上で参考になるような論文を読み込むようにしましょう。

コラム 2　参考文献リストを作る

　論文などの学術的文章では、本文中で言及した文献の出典を必ず示さなければなりません。研究は、先人たちが築いてきた知識基盤に敬意を払い、それを一歩前進させる営みです。出典を示し、どこからどこまでが他者の知見で、どこからが自分の知見なのかを明確に区別することが大切です。

　出典は、本文中と、文章末の参考文献リストの 2 か所で示します。このコラムでは、参考文献リストの作り方を示します（本文中の出典の示し方は、**コラム 3** を参照）。

　参考文献リストを作成する際の大原則は、読者がその文献を探すために必要な全書誌情報を掲載することです。書誌情報が間違っていると、読者が文献にたどり着けなくなります。参考文献リストを作成したら何度も見直しましょう。

1. 参考文献リスト全体の書式（本書巻末の参考文献リストを参考のこと）
(1) 中央寄せで「参考文献」と明記します。書体は明朝体、文字の大きさは本文と同じでよいです。
(2) すべての文献は、著者の苗字の最初の文字で、五十音順またはアルファベット順に並べます。
(3) 日本語と英語を分ける場合は、日本語は五十音順、英語はアルファベット順にします。日本語と英語を混ぜる場合は、アルファベット順にする場合や、五十音順にする場合があります。
(4) 一つの文献が二行以上になるとき、二行目以降の左端を 3 〜 5 文字程度右にインデントします。

2. 文献の種類による書誌情報の示し方
　文献の種類によって、示すべき情報の内容、示し方等が異なります。参考文献リストの書式は、学会や学問領域によって様々です。それぞれ大変詳細なスタイルガイドも出版されています。ここでは、心理学や教育学の分野でよく使われる、APA（the American Psychological Association）という書式を紹介します。日本語文献の場合、APA に準じた書式の一例を示します。日本語の場合、記号の扱い等に、様々なバリエーションがあり、統一されていません。自分の参考文献リストの中では、書式を一貫させましょう。

(1) 日本語文献の示し方

①学術論文の場合

著者名（発行年）「論文主題―副題」『掲載誌名』巻（号）、掲載ページ最初 – 掲載ページ終わり

> 柿沼利昭（1997）「経済摩擦の学習と国際理解教育―社会科・公民科における『共生』シンボルと『表現力』」『国際理解教育』3、34-57

②本の場合

著者名（発行年）『本主題―副題』出版社名

> 藤原顕・遠藤瑛子・松崎正治（2006）『国語科教師の実践的知識へのライフヒストリー・アプローチ―遠藤瑛子実践の事例研究』渓水社

③訳本の場合

著者姓, 名（訳本の発行年）『本主題―副題』（訳者名）出版社名（原著は○○）

> レイヴ, J. & ウェンガー, E.（1993）『状況に埋め込まれた学習―正統的周辺参加』（佐伯胖訳）産業図書（原著は1991）

④複数の著者が書いた本に収められた論文や章の場合

著者名（発行年）「論文または章主題―副題」編者名編（または編著）『本主題―副題』（pp. ○ – ○）、出版社名

> 三代純平（2009）「韓国中等教育における『考えること』の意義―外国語高校の卒業生は日本語授業で何を学んだのか―」川上郁雄編著『海の向こうの「移動する子どもたち」と日本語教育―動態性の年少者日本語教育学』（pp.156-175）、明石書店

⑤インターネット上の情報の場合

＊DOIがあれば文献情報の後に示す。ない場合はURLを示す。

> 上野千鶴子（2011）「『家族』という神話―解体のあとで」『哲学』2011（62）、11-34、https://doi.org/10.11439/philosophy.2011.11
>
> 厚生労働省「みんなのメンタルヘルス総合サイト」http://www.mhlw.go.jp/kokoro/（2019年5月3日閲覧）

(2) 英語文献の示し方（APA style の場合）

＊著者名の姓（last name）のアルファベット順で並べる。APA では、著者の名前（first name や second name）はイニシャルにする。

＊カンマやピリオド、コロン、大文字と小文字、イタリック体などの使い方が厳密に決められているので注意すること。

①学術論文の場合

＊論文タイトルには" "をつけない。雑誌名、volume はイタリック、issue は（ ）に入れイタリックにしない。雑誌名の単語の最初の文字を大文字にする。掲載ページには pp. はつけない。DOI がある場合は、掲載ページ、ピリオドの後に、https://doi.org/xx.xxx という形式で示す。

> Herbst-Damm, K. L., & Kulik, J. A. (2005). Volunteer support, marital status, and the survival times of terminally ill patients. *Health Psychology, 24*(2), 225–229. https://doi.org/10.1037/0278-6133.24.2.225

②本の場合

＊著者名、発行年、本のタイトル、出版社．

＊著者名は苗字（last name）の後にカンマ（,）を打ち、first name、middle name 等を頭文字＋ピリオド（.）で示す。

＊本のタイトルはイタリック。主題と副題の最初の単語の一文字目だけ大文字。

> Beck, C. J. A., & Sales, B. D. (2001). *Family mediation: Facts, myths, and future prospects*. American Psychological Association.

③論文集、編集された本の中の論文の場合。

＊著者名、発行年、論文タイトル、In をつけて編者名（Eds.）または（Ed.）、本のタイトル、論文の掲載ページ、出版社．

＊編者名は、first name、second name の頭文字、苗字の順になる。

> Massaro, D. (1992). Broadening the domain of the fuzzy logical model of perception. In H. L. Pick Jr., P. van den Broek, & D. C. Knill (Eds.), *Cognition: Conceptual and methodological issues* (pp. 51–84). American Psychological Association.

「研究」を通して何を明らかにしたいのか？
― 研究の問いを立てる ―

1.「研究」とは？

あなたはこれから、「研究」を行おうとしています。でも、少し立ち止まって考えてみてください。

> **問1.**「研究」とは、そもそも何をすることなのでしょうか。

私の授業の受講者たちは、この問いに対して、様々な答えを出しました。例えば、次のような答えです。
(1) 自分の本当の疑問や興味と向き合うこと。
(2) 調査を設計し、実行し、結果を踏まえて考察すること。
(3) 先行研究にはない、新しい発見をすること。
(4) 論文や口頭発表などの形で、調査の結果を公表すること。
(5) 実社会や研究における問題に対し、解決策を示すこと。

受講生たちの答えは、どれも、「研究」の大切な性質を表しています。
「(1) 自分の本当の疑問や興味と向き合うこと」は、「研究」をする上でとても大切です。卒業論文や修士論文を書く過程で、自分は何に興味があるのか、なぜそれに興味があるのかという問いに、何度も何度も向き合うでしょう。その過程で、自分を深く理解し、自分にとって切実なテーマを明らかにすることができるでしょう。

「(2) 調査を設計し、実行し、結果を踏まえて考察すること」は、研究のプロセスを表しています。実証研究であれ、文献研究であれ、「研究」は、何らかの「調査を設計し、実行し、結果を踏まえて考察する」というプロセスを踏みます。どんなに斬新で面白い主張でも、具体的な根拠に基づかない主張は「研究」とはいえません。「研究」において、調査に基づく具体的な根拠を示すと

いうのは、非常に重要です。

「(3) 先行研究にはない、新しい発見をする」というのは、学術研究の重要な側面を表しています。古代から、先人たちは、一歩一歩、人類の知を広げ、深めてきました。「研究」は、こうした先人たちの努力に敬意を表し、先人たちが築いた知識基盤を踏まえて、人類の知をさらに一歩進める営みです。「新しい発見」は、歴史に残る大発見に限りません。先行研究で提示された理論を異なる事例で検証する、といった研究も、先行研究を踏まえた、新しい知見を提供しうるのです。

「(4) 論文や口頭発表などの形で、調査の結果を公表すること」も、「研究」の大切な側面です。先人たちの知識基盤を前進させるためには、自分の「研究」を通して得られた「新しい発見」を、自分だけのものにしておいては意味がありません。「公表」することによって、先人たちの知識基盤を前進させ、後に続く研究者が参照できる先行研究として提示できるのです。

「(5) 実社会や研究における問題に対し、解決策を示すこと」というのは、「研究」が、社会や学術界にとって意味のある活動であるべきだという側面を表しています。とても大切な側面です。いくら自分にとって切実なテーマでも、他者にとっても意義あるテーマでなければ、ひとりよがりの研究になってしまうでしょう。しかし、すべての「研究」が「問題」に対する「解決策を示す」わけではありません。ある事象を描写するような研究もあれば、事象の意味を探求するような研究もあります。

2. 研究における「問い」の重要性

これらの答えは、どれも「研究」の大切な性質です。しかし、研究という営みにおいて実際に何をするかという点において、次のように言えます。**研究は、自分で立てた「問い」に、自分で「答え」を見つける営みである**、と。

「問い」があるからこそ、それに答えるために、調査を行います。「問い」に答えるために、最もふさわしい研究方法を採用するのです。「問い」が異なれば、同じフィールドで、同じ方法を用いて調査を行っても、異なる「答え」が導かれます。よい「問い」を立てられるかどうかが、研究の良し悪しを決定すると言っても過言ではありません。

そこで、本章では、よい「問い」を立てることを目指します。

まず、「問い」について考えるために、以下の問いに答えましょう。

> **問 2.** 次の中で、研究の問いとしてふさわしいものはどれですか。
> また、その理由はなんですか。
> ①なぜ、小規模校の学生は、大規模校の学生よりも、満足度が高いか。
> ②性格とコミュニケーション能力の関係について。
> ③「虫の知らせ」はどのように機能するのか。
> ④ 2000年以降の日本の女流作家は、女性をどのように描いてきたか。
>
> **問 3.** 研究の「問い」として適切な問いの条件は何でしょうか。
>
> **問 4.** どうすればよい問いを立てられると思いますか。

問 2. を検討しましょう。

①は、どうでしょうか。①は、「小規模校の学生は、大規模校の学生よりも、満足度が高い」という前提のもとで、「なぜ」かを問うています。しかし、本当に、「小規模校の学生は、大規模校の学生よりも、満足度が高い」のでしょうか。もしも「小規模校の学生は、大規模校の学生よりも、満足度が高い」という前提が間違っていたら、①の問いには答えることができません。「小規模校の学生は、大規模校の学生よりも、満足度が高い」という前提が先行研究で確認されていないのであれば、まず、本当に「小規模校の学生は、大規模校の学生よりも、満足度が高い」のかを確かめる必要があります。そのうえで、「それはなぜか」を問うのです。つまり、①は、次の二つの問いを含んでいます。

1. 小規模校の学生は、大規模校の学生よりも、満足度が高いか。
2. それはなぜか。

①のような問いを、多重質問といいます。このような問いは、研究の問いとして適切ではありません。一つの問いで一つの事柄を問う、一重の問いを立てる必要があります。

また、①では、「小規模校」「大規模校」、「満足度」が指し示す内容が曖昧ですね。小学校、中学校、高校のことなのか、大学のことなのか、あるいは、別の教育機関なのか、分かりません。「満足度」も、何に対する満足度なのか、

特定する必要があります。

②はどうでしょう。「〜について。」というテーマは、学部生や修士1年生の研究計画書でよく目にします。「〜について。」は、非常に曖昧で、何をどのように研究したいのかが分かりませんね。「〜について。」ではなく、「〜は○○か。」という、「問い」の形で示すようにすると、明確になります。

仮に、「性格とコミュニケーション能力にはどのような関係があるか。」という問いを立てたとしましょう。しかし、それでもまだ問題が残ります。性格とコミュニケーション能力の間には、そもそも相関関係があるのでしょうか。内向的な性格の人も外交的な性格の人も、あるいは、陽気な性格の人も怒りっぽい性格の人も、コミュニケーション能力が高い場合もあれば、低い場合もあるでしょう。

このように、確認されていない相関関係を前提に問いを立てることを、「疑似相関を問う」（佐渡島・吉野、2009、p.133）といいます。「二つの要因の関係性を問題にする場合は相互に相関関係があることが確認されている。因果関係が成立していることが確認されている。」（p.133）必要があるのです。

また、①と同様、「性格」「コミュニケーション能力」は、とても意味が曖昧な概念ですね。それぞれ、何を指すのか、どのように定義するのかを、特定する必要があります。

では、③はどうでしょうか。「虫の知らせ」を感じたことがあるという人は見つかるかもしれませんが、「虫の知らせ」の機能の仕方はどのように調べられるでしょうか。人の思念を可視化することができれば調べられるかもしれませんが、現在の科学技術では難しいでしょう。人の思念を見る超能力を持った人に協力を依頼したとしても、その人の能力を証明することは、やはり難しそうです。③は、測定したり、検証したりできない問いなので、研究の問いとしては不適切です。

ただし、「『虫のしらせ』を感じるのは、いつ、どのような時か。」あるいは、「『虫のしらせ』を感じる人には、どのような特徴があるか。」といった問いであれば、研究することができそうです。

④「2000年以降の日本の女流作家は、女性をどのように描いてきたか。」は、どうでしょうか。この問いは、「2000年以降の日本の女流作家」と、調べる範囲が特定されています。2000年以降に公表された作品であれば、資料も残っ

ており、収集可能です。「女性をどのように描いてきたか」というのも、分析の視点や方法を特定できれば、調査し、分析することができそうです。④は、適切な研究の問いといえそうです。

3. 適切な研究の問いの条件

問2.の検討結果を踏まえると、**問3.**の答えも自ずと見えてきますね。佐渡島・吉野（2008、p.133）は、適切な研究の「問い」の条件として、次の四つを挙げています。

> ①特定されている。…曖昧な概念が含まれていたり視点や内容が特定されていないままになったりしていない。
> ②一重の問いである。…確認されていない前提を含まない。
> ③検証可能である。…測定できない事柄や判断できない事柄を調べようとしていない。資料が残っており、与えられた時間内に確認できる。
> ④擬似相関を問うていない。…二つの要因の関係性を問題にする場合は相互に相関関係があることが確認されている。因果関係が成立していることが確認されている。

これら四つの条件は、研究の問いとしての必要最低限の条件といえます。よい「問い」はこれらの条件をすべて満たしている必要がありますが、それだけでは十分ではありません。では、よい「問い」とはどのような問いでしょうか。

4. 悪い「問い」とは

佐藤郁哉（2002b）は、よい「問い」の対極にある悪い「問い」を、次のように例示しています。

> たとえばわざわざ調べてみるまでもなく答えが分かり切っているはずの問題（①）、現段階ではどんな調査テクニックで情報を集めても答えが出せるはずのない問題（②）、一応答えが出たとしても理論的にも現実的な効用という点でもほとんど意味がない問題（③）…。（p.85、番号は筆者）

佐藤の言う②は、適切な問いの条件の③「検証可能である」を満たしていませんが、①と③は、適切な問いの条件を満たしていてもあり得ますね。①は、先行研究や実社会での実践の中で、既に答えが出ている問いです。③は、検証可能ではあるけれど、実社会にとっても、学術界にとっても、些末な問いです。

　佐藤が言うような悪い「問い」を立ててしまう背景には、「勉強不足」があります。つまり、関連する文献を十分に読んでいないのです。佐藤（2002b）は、問いを立てる際の難しさについて、次のように指摘します。「現場での体験や実感をもとにして問題設定をおこなおうとする場合に陥りがちな、致命的な落とし穴の一つに、学術用語とも日常用語ともつかない中途半端な用語や概念を無批判に使ってしまうというものがあります。」（p. 90）。さらに、「フィールドワークをおこなう上で最も難しい課題の一つは、文献や日常の経験の中から浮かんできた研究テーマや発想を思いつきのレベルにとどめることなく、リサーチないし研究という土俵に乗せることなのです。」（p. 91）と指摘します。

　研究の問いを、「思いつきのレベル」ではなく、「研究という土俵に乗せる」ことが、よい「問い」を立てる上で重要なのです。

5. よい「問い」を立てるために

　では、よい「問い」とは何でしょうか。佐藤（2002b）は、「リサーチクェスチョンは、実践的に意味のあるものだけでなく、理論的・学問的にも意味があるものでなければならない」（p. 123）と述べます。よい「問い」とは、《実践的》にも、《理論的・学問的》にも、意味がある問いなのです。

　では、どうしたら、そのようなよい「問い」を立てられるでしょうか。佐藤（2002b）は、問いを立てる時に発するとよい問いを挙げています。

　　「この問題については、先行研究でどこまでが分かっているとされているのだろうか？　通説に『穴』はないのだろうか？」／「分かっていないのは、どのような点についてなのだろうか？」／「この問題設定は、理論的に意義があるものなのだろうか？」／「これは、現場の人々にとってもリアリティのある問題なのだろうか？」（p.139）

　一つ目から三つ目は、先行研究を読み込みながら考える問いです。自分が立てようとする問いについて、先行研究では、どこまで分かっていて、何が分かっ

ていないのか。先行研究に足りない点はどこか。研究領域において、自分が立てようとしている問いは、意義があるのか。問いを立てるまでに、先行研究を読み込むことがいかに重要かが分かります。

　四つ目は、自分が立てようとしている問いが、現場の人々、つまり、実社会の関係者にとって、意味がある問題なのかを問うています。研究者の間では盛んに議論されている問題であっても、現場の人々にとっては実感のわかない些末な問題であるということは往々にしてあります。理論と実践が乖離してしまっている、という批判もよくなされます。現場の人々にとってもリアリティのある問いを立てるためには、本格的な調査を始める前に、現場の人々の声を聞きに行ったり、そうした声を報告している先行研究を読んだりすることが求められます。

　このように、よい「問い」を立てるためには、下調べがとても大切なのです。先行研究を読み込む、研究対象となる現場（フィールド）に出かけて行って、現場の問題を肌で感じたり、人々の話を聞いて問題意識を理解したりする。そうすることによって、よりよい問いを立てられるのです。

6. 質的研究の過程における「問い」

　下調べをしっかりしたとしても、「問い」は一度立てればそれで終わりではありません。質的研究においては、研究の全過程を通して、「問い」を練り直し、明確化していきます。

(1) 先行研究の検討と文献リストの活用

　まずは、調査に出かける前に、興味ある研究テーマから問いを絞り込んでいく段階です。その際、先行研究を検討し、文献リストを作り、整理していくことを佐藤は勧めています。

> 研究テーマに関連のありそうな文献を、その相対的な位置づけをも含めて整理したリストをつくり、また、新しい文献やレビュー文献に出会うたびにそれを変えていくことは、自分の研究の進展状況をモニターしていき、また特定の調査研究の際にリサーチクェスチョンを絞りこんでいく上できわめて有効な手段だと言えるでしょう。（佐藤、2002b、p.100）

この文献リストは、調査を始めた後も、随時更新していきます。そして、論文の原稿を作成する時、このリストは非常に役に立ちます。（詳しくは第4章を参照）

(2) 現場で「問い」を組み立てる

　「問い」は机の上で立てるだけではありません。調査を開始した後に、問いを見直すことは多々あります。実際に調査を始めてみたら、自分が立てた問いは現場の人々にとってあまり重要ではなかったと気づくこともあります。また、別の問題に、より強く興味を惹かれて、研究の問いを修正したくなることもあるでしょう。佐藤（2002b）は、調査を進める中で組み立てる「問い」の重要性を、次のように指摘します。

　　現場調査を進めていくなかで浮かんでくるリサーチクェスチョンの重要性については、いくら強調しても、し過ぎということはないでしょう。特に、比較的漠然とした問題設定のままで現場調査が開始された場合は、実際に調査地の社会生活を体験するなかで浮かび上がってきた個々のリサーチクェスチョンは、その漠然とした問題設定を明確にし、個々の調査課題群を体系化していく上で最も有効な手がかりになるのです。(p.104)

　調査の過程で問いを明確化し、組み立てていくことは、《実践的》に意味がある問いを立てる上で重要です。調査の過程で問いを明確化するとき、フィールドでの調査と（1）、つまり、先行研究の検討と文献リストの活用を、何度も繰り返し、行き来することが大切です。フィールドでの調査が進むことによって、問題意識が明確になったり、関連する問題群に興味がわいたりします。その新たな問題意識をもって、さらに先行研究を検討していきます。そうすることによって、問いが一層明確化し、問題群同士の関係がよりよく見えてくるようになっていきます。

(3) 原稿作成時

　「問い」を明確化する過程は、原稿作成時にも及びます。佐藤（2002b）は次のように指摘します。

　　実は、リサーチクェスチョンが最も明確なものになるのは、実際に調査をおこなっている最中というよりは、むしろフィールドワークの作業をあらかた終え

て報告書としての民族誌を書いている時のことの方が多いのです。(p.106)
論文の原稿を「書いている時」に、問いが「最も明確なものになる」ことが多いという指摘は、とても興味深いですね。論文全体を書くことで、自分が探求しようとしていた「問い」にぴったりの表現が見つかる。初めに立てた問いの答えを書くことで、その答えに合う「問い」が分かる。こうしたことは、多々あります。まさに、書くことによって思考が深まるのです。

　質的研究では、研究の最後の段階でも、「問い」を明確化し、修正することができます。これは、量的研究とは大きく異なる点です。量的研究では、一度調査を始めたら、初めに立てた問いを変えることはできません。例えば、大量の質問紙を調査協力者に郵送した後で、あるいは答えを回収した後で、問いの不備を修正することは難しいでしょう。調査をやり直す場合、倍の費用と時間がかかってしまうからです。質的研究では、研究のプロセス全体を通して、常に問いを鍛え、明確化していきます。だからこそ、質的研究は、現場のリアリティに即した研究を行えるといえます。

　もちろん、そうはいっても、調査を行う際に立てていた問いとは全く異なる、新しい問いを、原稿作成時にいきなり持ち出してよいというわけではありません。ある程度、先行研究をもとに問いを絞り、明確化した上で調査を始めることは大前提です。そのうえで、現場での調査や執筆の過程で、その問いを明確にし、整理していくのです。

【さらに学びたい人のために】

佐藤郁哉（2002b）『フィールドワークの技法―問いを育てる、仮説をきたえる』新曜社
佐渡島紗織・吉野亜矢子（2008）『これから研究を書くひとのためのガイドブック―ライティングの挑戦15週間』ひつじ書房

論文作成ワーク　マップを作り、「問い」と研究の範囲を考えよう

　ここまでで、よい「問い」とはどのようなものか、どうすればよい「問い」を立てられるかを見てきました。それでは、いよいよ、あなたの「問い」を立てる活動[1]に取り組みましょう。

1. マインド・マップを作ります。
　あなたが現時点で興味を持っている研究テーマを端的に表すキーワードを中心に書き、○で囲みます。そこから、連想することばを線で結びながらどんどん書いていきましょう。7〜8分で、手を止めず、連想を広げていきましょう。

2. 次に、そのマップを他者に見せながら説明します。
　聞いている人は、「よい聴き手」になるよう努めます。つまり、話し手が考えを深めやすいように、あいづちを打ったり、質問をしたりします。「こことここは、どういう関係ですか？」「この二つのことばも、線で結べるのでは？」等、相手の気づきを促す質問をしていきましょう。ただし、相手の話を奪ってしまってはいけません。あくまでも、話し手が、自分で考え、自分で説明できるように、聞き手は話しすぎないようにしましょう。

3. 他者とのやり取りから気づいたことをもとに、マップを修正します。
　新たなことばを書き入れたり、線を書き加えたりしていきます。

4. 修正されたマップを見て、研究の中心（テーマ）を決めます。
　マップを見て、最も連想が活発に行われているキーワードはどこかを考えましょう。マップを書いている過程で、また、他者と話をしている過程で、自分の興味の中心がどこかに気づくでしょう。最初に書いたキーワードとは別のことばが、実は自分の関心の中心だったと気づく場合もあります。新しい中心を

---

[1] ここで取り組む活動は、佐渡島・吉野（2008）文章編 01-04 章「『マップ』を作って書く」（pp.26-31）で提案されている活動をもとにしています。

特定したら、そのキーワードを色ペンで丸く囲みましょう。

5. **修正されたマップを見て、研究の範囲を決めます。**
　マップでは、自由に連想を広げました。しかし、限られた時間（論文の提出期限まで）では、マップに書き込んだすべてを研究することはできません。そこで、今回の研究では、どこまでを扱うか、つまり、研究の範囲はどこまでとするかを決めます。研究の中心から広がることばのうち、今回の研究で扱うことばの範囲を、ぐるりと大きく色ペンで囲みます。

6. **研究の中心から「研究の問い」を立てます。**
　（1）自分のテーマ（研究の中心）について、発見したいと思うことを、疑問形の一文で書き表しましょう。
　　「＿＿＿＿＿＿＿＿＿＿＿＿＿＿＿＿＿＿＿＿＿＿＿＿＿＿＿＿＿　か。」

　問いを立てたら、適切な研究の問いの四つの条件を満たしているかを確認します。四つの条件を満たしていない場合は、問いを修正しましょう。
　□ 特定されている
　□ 一重の問いである。
　□ 検証可能である。
　□ 擬似相関を問うていない。

　（2）（1）で立てた研究の問い（大問い）を、適切な小さな問いに細分化（具体化）します。
　　例）大問い：教師の教育観はどのように形成されるのか。
　　　　小問い：1. 新任期から現在まで、教師はどのような教育観を持ってきたか。
　　　　　　　　2. 1.の教育観を持つに至った要因は何か。

7. **範囲から、研究の概要を自覚します。**
　（1）問いにおける、必要な用語の定義を行います。
　　6. で立てた問い（大問いと小問い）の中で、定義や説明が必要な用語があ

れば、○で囲みましょう。そして、その用語を定義しましょう。

(2) 研究対象の範囲や規模を特定します。

　マップで特定した研究の範囲を意識しながら、さらに具体的に、研究の範囲を特定していきます。つまり、研究対象は何（誰）か、対象とする時期はいつからいつまでか、対象とする地域はどこか、対象とする規模（研究協力者の人数や事例の数等）はどのくらいか、収集する資料の範囲はどうか、データを収集する手法は何か等です。問いに答えるために必要な、そして、実行可能な範囲を特定しましょう。

論文作成ワーク　序章の第一稿を書こう

　これからあなたが書こうとしている論文の「序章」を書きましょう。序章は、調査を進める過程で何度も書き直すことになりますが、まず、第一稿を書きます。現時点での問題意識、問いを、一度文章にしてみることが大切だからです。

1 序章の要素

　序章には、次の要素を含めます。順番は、この通りでなくてもよいです。[2]
（1）研究の問い
（2）研究の問いの重要性と必要性
（3）研究の範囲
（4）研究の意義・貢献
（5）大問いと細分化した小問い

（1）研究の問い
　「○○は、～～～か」という疑問文の形で問いを明記しましょう。読者が一読して、どこに研究の問いが書いてあるかが分かるように、明確に書きます。「本研究の目的は、次の問いに答えることである。○○は、～～～か。」や、「本研究では、○○は～～～かを明らかにする。」等のように書くと、読者が研究の問いを理解しやすいです。

　論文を読む中で、疑問文ではない形で書かれた研究の目的を目にすることもあるでしょう。例えば、「本研究の目的は、○○の有効性を明らかにすることである。」等です。このような書き方は、疑問文の形で問いを示すよりも、やや曖昧になります。このような目的を、疑問文の問いの形で示してみると、複数の解釈が可能だからです。例えば、「○○は、有効か。」、「○○には、どのような効果があるか。」、「○○は、どのような時に効果があるのか。」等です。疑

2）佐渡島・吉野（2008）論文編 02-12 章「一回目の序章を書く［実証研究］」（pp.182-185）による。

問文の形で問いを立てる場合、主語を明確にし、疑問詞を自覚的に選ぶ必要があるので、研究の目的をより自覚しやすくなるのです。

　研究の問いが、読者に分かりにくい書き方の一つに、序章のあちこちに、複数の疑問文が書かれている、というのがあります。書き手の問題意識を疑問文で示したり、修辞的に疑問文を使ったりする場合です。このような場合、読者は、どの疑問文が研究の問い（研究の中心）なのか分からず、混乱してしまいます。修辞的に疑問文を使いたい場合は、修辞的な疑問文と、研究の問いとを、読者がはっきり区別できるようにしましょう。つまり、「本研究の問いは」「本研究の目的は」等の目印を示し、これが私の問い（中心）ですよ、ということを、読者に伝えるのです。

(2) 研究の問いの重要性と必要性

　あなたが追究しようとしている問いが、実社会、そして学術界においていかに重要であるか、いかに取り組む必要があるかを説明します。

　先行研究を用いることで、問いの重要性、必要性を、より説得力を持って説明することができます。例えば、次のような流れで説明をすると、問いの重要性・必要性が読者に伝わりやすくなるでしょう。

　　これまで、こうした問題が指摘されてきた。先行研究では、ここまで明らかになった。社会における実践では、ここまで取り組まれてきた。しかし、この点については、未だ明らかになっていない／取り組まれていない。この点は、非常に重要である。なぜなら、…。そこで、本研究は、…を明らかにすることを目的とする。

　学生の文章の中でよく目にするのは、「○○について、先行研究がない。だから、○○を研究する必要がある。」という説明です。先行研究がないという説明だけでは、問いの重要性を十分に説明したことにはなりません。その問いが、研究するに値しない、重要ではない問いだから、誰も研究していないかもしれないからです。

　先行研究がない、というのは、消極的な理由です。研究の問いの重要性を、説得力を持って訴えるためには、もっと積極的な理由を説明しましょう。例えば、先行研究がないという説明であっても、それによって、どのような問題があるのか、研究することによって、どのような貢献ができるのかを説明しましょ

う。

　海外では研究されているが、あなたの国では研究されていない。別の学問領域では研究されているが、あなたの学問領域では研究されていない。こういった場合も、やはり、なぜあなたの国・学問領域で研究する必要があるのかを説明する必要があります。なぜ、これまであなたの国・学問領域では、研究されてこなかったのか。なぜ、海外や別の学問領域で行われた先行研究の知見をそのままあなたの国・学問領域に当てはめてはいけないのか。あなたが研究することで、海外や別の学問領域で行われた先行研究にはない、どのような新しい視点を提供することができるのか。これらの疑問に対する答えを説明するのです。

　問いの重要性、必要性に関する積極的な理由には、どのようなものがあるでしょうか。例えば、あなたの研究テーマや問いの重要性、必要性に言及している先行研究を引用することも、説得力を増すでしょう。また、社会における実践の場、あるいは学術界において問題となっている事柄を示した上で、あなたの問いに答えることによって問題解決の糸口が見いだせることを説明するのもよいでしょう。

(3) 研究の範囲

　研究の問いに含まれるキーワードのうち、定義を要する概念を説明します。また、あなたの論文ではどこまでを扱うのか、研究対象や方法についても、概要を簡単に説明します。

　キーワードの定義も、研究方法も、詳細な説明は後の章で行います。例えば、先行研究を扱う章において、先行研究における異なる定義を示しながら、あなたの研究では、どの定義を、なぜ用いるのかを説明します。研究方法を説明する章で、より具体的に、詳しく研究方法を説明します。ですから、序章では、簡潔に説明します。読者があなたの論文を読み進めるために最初に理解しておかなければならないことを、序章で説明するのです。

　ここで説明することが、研究の重要性、必要性の説明につながる場合もあるでしょう。例えば、あなたが採ろうとしている研究方法が、先行研究とは異なる新しい方法である場合、序章でその重要性を説明します。あるいは、問いに含まれるキーワードの捉え方が、先行研究にはない新しい視点に立ったもので

ある場合には、やはり序章でその重要性を説明するとよいでしょう。

(4) 研究の意義・貢献
　あなたの問いに答えることで、実社会と学術界に、どのように貢献することができるのか。その予測を書きます。

(5) 大問いと細分化した小問い
　ここで注意したいことは、大問いと小問いの間にずれがないことです。小問いに答えていくことで、大問いに答えられるようにすることが大切です。次の例1は、大問いと小問いが一貫しています。
例1) 大問い：教師の教育観はどのように形成されるのか。
　　　　小問い：1. 新任期から現在まで、教師はどのような教育観を持ってきたか。
　　　　　　　　2. 1.の教育観を持つに至った要因は何か。
　この例では、大問いの、「どのように形成されるのか」という部分を、小問いで細分化しています。小問い1.では、教師の経験時期ごとの教育観をそれぞれ問うています。ここで、教師の教育観それ自体を明らかにするとともに、時期ごとの変遷を見ようとしています。小問い2.では、各時期の教育観を持つに至った要因、あるいは、教育観が変遷した要因を問うています。ここでは、「どのように形成されるのか」を、教育観が形成される要因に注目してみようとしています。
　一方、次の例は、大問いと小問いがずれてしまっています。
例2) 大問い：教師の教育観はどのように変化するのか。
　　　　小問い：教師の教育実践はどのように変化するのか。
　例2では、小問いに答えても、大問いに対する答えは出ません。もし、この両方を明らかにしたいのであれば、この二つを大問いにし、それぞれを細分化した小問いを立てる必要があります。あるいは、この二つの問いを統括するような、さらに大きな問いを立てる必要があります。例えば、「教師は（経験を通して）どのように変化するのか。」等です。
　大問いを細分化した小問いは、あなたの研究の視点を示すものでもあります。どのような視点から大問いを細分化したのかが読者に分かるように、序章本文

中で説明する必要があります。上の例2では、「教師の変化」を、教育観の変化と教育実践の変化という二つの視点でとらえるということ、および、その二つの視点から捉える重要性を、序章本文で説明する必要があります。

2 序章の分量とその他の要素

　序章の分量は、論文全体の10％程度におさめます（全部で10ページの論文ならば、序章は1ページ程度）。

　論文の主題と副題を中央寄せで書きます。所属と名前を右寄せで書きます。参考文献を用いた場合には必ず出典を明示します。出典は、本文中と参考文献リストの2か所で示します（著者年方式の場合）。本文中の出典の示し方は コラム3 、参考文献リストの示し方は コラム2 を参照してください。

3 自己評価表

　序章を書き上げたら、次頁の評価表を使って、自分の文章を評価しましょう。他者とお互いの序章を交換して、評価し合うのも効果的です。他者と評価し合う場合は、よく書けている箇所や興味深い箇所を指摘したり、分かりにくい箇所について質問をしたりしましょう。

表3　序章の評価表

＿＿＿＿＿＿＿＿＿＿さんの序章

評価者：＿＿＿＿＿＿＿＿＿＿

観点	評価 ○・△・×
(1) 追究するテーマが学術的、社会的に価値あることを、説得力を持って述べているか。	
・研究テーマが分かる	
・テーマの学術的な重要性、価値が、根拠（先行研究）とともに示されている。	
・テーマの社会的な重要性、価値が、根拠（先行研究や背景説明）とともに示されている。	
(2) 研究の問いが適切か。	
・研究の問いがどれか特定できる（線を引いてください）。	
・問いが特定されている	
・一重の問いである。	
・検証可能である。	
・擬似相関を問うていない。	
・大問と細分化された問い（小問い）の間にずれがない。小問いに答えることで大問に答えることができる。	

コラム3　本文中に出典を示す

　他者の言を参照し、自分の文章に利用する場合には、適切に引用し、出典を明示しなくてはなりません。引用し、出典を示すことによって、自分の言と他者の言を明確に区別するのです。つまり、どこからどこまでが、他者の言（発見）であり、どこからどこまでが、自分のオリジナルの言（発見）なのかを、読者に分かるように記述するのです。

1. 引用し、出典を示すのはなぜか

　なぜ、引用し、出典を示す必要があるのでしょうか。

　第一に、他者の知的所有権を守るためです。人が書いた文章、そして文章によって伝えられた研究成果は、それを書いた人の、知的な所有物です。他者が書いた文章の一部を、あたかも自分が考え、調査し、書いたかのように、無断で借用することは、他者の知的所有権を侵害する行為です。これは、「剽窃」と呼ばれます。剽窃は、漢字からも分かる通り、知的な「窃盗」にほかなりません。剽窃は、決して行ってはなりません。行うと厳罰の対象となります。

　第二に、読者が元の文章を読み、引用された内容が正しいかどうかを自分で確かめられるようにするためです。自分の主張を支える根拠として他者の言を引用したのですから、その根拠が本当に信頼できるのかを、読者が確認できるようにしておくのです。

　第三に、他者と自分の言を明確に区別することによって、自分のオリジナリティを明確に示すためです。自分の研究目的や発見は、先行研究とどこまでが共通していて、どこからが新しいのかを、引用し出典を示すことによって、読者に伝えるのです。

　研究は、先人たちが築いてきた知識基盤に敬意を払い、それを一歩前進させる行為です。先行研究を引用し、出典を示すことは、この行為を最もよく表しているといえるでしょう。

2. 引用とは何か

　引用とは何でしょうか。引用では、他者の言を、一字一句変えずに、そのまま自分の文章に書き写します。そして、引用符（「　」）で括る、ブロックの形にする等によって、引用部分がどこからどこまでかを明示します。一方、要約

では、他者の言を、内容は変えずに、自分のことばで説明します。引用も要約も、元の文章の出典を明示する必要があります。

3. 本文中でどのように出典を示すか

本文中で出典を示す方法には、(1) 脚注方式、(2) 著者年方式があります。

(1) 脚注方式の場合

引用の度に注番号をふり、注で出典と引用ページを示します。この場合、①注と参考文献リストの両方を出す形式と、②注だけで全書誌情報を示す形式があります。

①の場合、注では著者名、発行年、引用したページのみを示します。参考文献では全書誌情報を示します。

　　本文本文本文「引用引用引用」[1] 本文本文本文。
　　注1　著者名（発行年）、p.○

参考文献リストで
　　　著者名（発行年）「論文主題─副題」『掲載誌名』巻号、掲載ページ最初‐最後

②の場合、注で全書誌情報を示した上で、最後に引用したページを示します。

　　本文本文本文「引用引用引用」[1] 本文本文本文。
　　注1　著者名（発行年）「論文主題─副題」『掲載誌名』巻号、掲載ページ最初‐最後、p.○

参考文献リスト　なし

(2) 著者年方式の場合

本文で引用をしたすぐ後ろに（ ）で括って、著者名、発行年、引用ページを示します。本文の後の参考文献リストで、全書誌情報を示します。本文中では、次のように出典を示します。

　　a. 著者（発行年）は「引用文」(p.○) と述べている。
　　b. 著者（発行年）によると、「引用文」(p.○)。
　　c. 「引用文」(著者名、発行年、p.○)。

参考文献リストで
　　　著者名（発行年）「論文主題─副題」『掲載誌名』巻号、掲載ページ最初‐最後

なぜ「先行研究」をレビューするのか？
― 理論的枠組みと文献レビュー ―

　学術論文では、必ず先行研究への言及がなされます。本書の第2章、第3章でも、先行研究を読むこと、そして論文の中で先行研究を引用することの大切さを、繰り返し述べてきました。本章では、研究を行う上で、そしてその結果にもとづいて論文を作成する上で、なぜ先行研究をレビューする必要があるのかを考えます。そのうえで、論文の中でどのように先行研究をレビューするのかを検討します。

　ここでいう「先行研究」は、過去に行われた研究の成果のうち、文書化され公開された文献全般を指すこととします。研究の成果が文献、とりわけ論文として文書化された時、それは他の研究者にとっての共有財産として参照され、利用されるようになります。もちろん、学会での口頭発表も研究の成果を公表したものです。しかし、話された内容は、その場で発表を聞いていない他の研究者が参照できません。そのため、ここでは、文書化され公表された研究成果に限定して考えます。

　初めに、次の問いに答えてください。友人やクラスメイトと相談しながら一緒に考えてみましょう。

> **問1.** 研究において、先行研究を読む目的は何でしょうか。
>
> **問2.** どのような先行研究を読むべきでしょうか。

1. 先行研究を読む目的は何か

　問1. について検討しましょう。研究において、先行研究を読む目的は何でしょうか。

第3章で、「研究」は、先人たちの努力に敬意を表し、先人たちが築いた知識基盤を踏まえて、人類の知をさらに一歩進める営みだ、と述べました。先人たちが築いた知識基盤を踏まえるためには、自分の研究テーマに関連してどのような理論が構築され、どのような研究がなされ、何がどこまで明らかにされているのかを知る必要があります。これが先行研究を読む、第一の目的です。よく、「このテーマに関する先行研究はない。」という人がいますが、ほとんどの場合、関連する先行研究は存在します。先行研究を見つけられないのは、文献を探す範囲が狭すぎるのです。

　先行研究を読む第二の目的は、自分の研究の構想を練る際に、「すでに知られていることを発展させ、洗練し、修正する方法」（メリアム、1998/2004、p.75）を知ることです。先行研究を読むことによって、自分の研究がそれまでの先行研究とどのように異なるのかを見極め、研究の問いを明確化することができます。また、先行研究から、効果的な方法、失敗した方法などを知り、自分が研究方法を決定する際に役立てることができます。

　先行研究を読む第三の目的は、論文において、「自分の研究の枠組みをつくったり、概念を定義したりするうえでの補助として」引用するためです（メリアム、1998/2004、p.75）。研究テーマにおける中心概念を定義することは、どのような視点からそのテーマにアプローチするのかを示すことにもなります。中心概念をめぐる理論を示すことによって、自分の研究の理論的枠組みを示すことができます。この時、先行研究を引用します。理論的枠組みについては、次節で詳しく述べます。

　先行研究を読む第四の目的は、自分の研究の重要性、必要性を示すためです。第3章では、序章において、自分の問いの重要性、必要性を示す必要があることを学びました。論文において、自分がこれから行おうとしている研究は、実社会、そして学術界においていかに重要なのかを、先行研究を示しながら説明するのです。

　先行研究を読む第五の目的は、論文の中で自分の研究がその領域の知識基盤発展にどう貢献したかを議論する際の参照物とすることです（メリアム、1998/2004、p.76）。先人が築いた知識基盤を発展させることが研究の目的でした。だからこそ、研究成果を報告する論文において、自分の研究がどのようにこれまでの知識基盤を発展させたのかを、明示的に論じる必要があります。そ

の際、自分の研究を先行研究と比較することによって、何がどのように新しい貢献といえるのかを説明することができます。つまり、自分の研究を、学問領域における知識基盤に位置づけることができるのです。

2.「理論的枠組み」とは何か

「理論的枠組み」ということばを聞いたことがあるでしょうか。論文の中では「理論的枠組み」という章タイトルはあまり見かけたことがないかもしれません。しかし、優れた論文は、その研究における理論的枠組みが、読者に明確に伝わるように書かれています。では、理論的枠組みとは何でしょうか。

メリアム（1998/2004）は、理論的枠組みを次のように説明しています。

> 理論的枠組みは、あなたが自分の研究に持ち込む方向性やスタンスのとり方から生まれる。それは、あなたの研究の構造であり、足場であり、枠組みなのである。あらゆる研究にはこれが求められる。これがどのようなものかを示す方法はいくつかある。たとえば、あなたの学問的方向性はどのようなものか？（中略）この学問的方向性は、あなたがそれをとおして世界をみるレンズである。それは、あなたの興味・関心やあなたを困惑させることを決定する。またそれは、あなたの質問内容をも決定する。こうして、調査内容が徐々に形づくられていく。(pp.66-67)

メリアムは、理論的枠組みを「あなたの研究の構造であり、足場であり、枠組み」だと言います。第2章で学んだ理論的パースペクティブとも似ています。代表的な理論的パースペクティブとして第2章で示したのは、「実証主義」や「解釈主義」等、学問領域を超えた、哲学的な立場でした。理論的枠組みは、理論的パースペクティブによって方向づけられますが、より学問領域や研究テーマに固有の、具体的な理論やものの見方を指します。

メリアム（1998/2004）は、次のように理論的枠組みの例を挙げています。

> たとえば、同じ教室をみたとしても、調査者によってその質問内容は異なるであろう。教育学者は、カリキュラムや教授法や学習活動に関して質問するかもしれない。心理学者は、一部の生徒たちの自尊心や動機づけに関心を示すかもしれない。社会学者は、別の生徒がとる社会的相互作用のパターンや役割に関心を示し、人類学者は、学級文化やその慣習や儀礼に関心を示すかもしれない。

(p.67)

ここでメリアムが示している例は、「教室」という同じフィールドに対する、学問領域固有の問題関心です。あなたの研究は、どのような学問領域に軸足を置いているのか。これがまず、考えるべき問いです。

さらに、同じ学問領域においても、また、同じテーマを研究する場合でも、異なる理論的枠組みが多数存在します。例えば、教育学における「学習」の捉え方を考えてみましょう。学習を、刺激に対する反応と捉えるか、個人の情報処理プロセスと捉えるか、共同体への参加のプロセスと捉えるかでは、「学習」に対する捉え方が全く異なります。したがって、研究の問いも、方法も、結論も、それぞれ全く異なるでしょう。だからこそ、理論的枠組みを自覚し、それを論文の中で明示していくことが必要なのです。

第2章では、認識論、理論的パースペクティブ、方法論、研究手法という四つの要素が、一貫している必要があると述べました。同様に、理論的枠組みも、研究の他の要素と、首尾一貫していなければなりません。メリアムとシンプソン（2000/2010）は、次のように説明しています。

> 問題の展開を、鉄骨を組み合わせてビルの骨組みをつくることにたとえてみるとよいだろう。鉄骨は、何らかの論理的な手順で、お互いが「ぴったり合って」いないといけない。あなたの調査研究の各部分（用いている概念、参照している先行研究や調査、現状を診断するために選んだ測定の道具など）もまた、首尾一貫してぴったり合っていないといけないのである。いったん構造、すなわちあなたの調査研究の理論的枠組みができたならば、それを、より広汎な情報（ふつうは先行研究）や収集した「原」データ、調査結果（findings）、その結果に対する考察（discussion）で満たすことになる。そうして、あなたは読者に、自分の調査結果が最初に設定した枠組みにいかに組み込まれたかを述べるのである。(p.27)

メリアムとシンプソンは、理論的枠組みを、「ビルの骨組み」に例えています。この例えからも、理論的枠組みが研究全体を貫き支える、非常に重要な要素だと分かります。そして、理論的枠組みという「骨組み」の中に満たされる「先行研究」、「データ」、「調査結果」、「考察」は、理論的枠組みと「首尾一貫してぴったり合っていないといけない」のです。

先ほどの「学習」の例でいえば、学習を共同体への参加のプロセスとみる理

論的枠組みを提示したならば、このような見方に立って学習のプロセスを具体的に明らかにした先行研究を示し、自分が注目するフィールドで、人びとの共同体への参加のプロセスを観察し、その結果を理論的枠組みに照らして考察するのです。もしも、学習を共同体への参加のプロセスとみる理論的枠組みを示しておきながら、学習の成果を記憶力の測定によって検証するような実験をデザインしたのでは、理論的枠組みと方法がかみ合いません。

　このように非常に重要な理論的枠組みだからこそ、それを論文の中で明らかにすることがとても大切です。そのためにはどうすればよいか。メリアム（1998/2004）は、「研究の理論的枠組みを提示して構築するひとつのやり方は、適切な文献をレビューすることである。」(p.73) と指摘します。

3. どのような先行研究を読むべきか

　では、どのような先行研究を読み、論文の中で提示すべきでしょうか。佐藤郁哉（1992）は、下調べしておくべき文献を、二種類挙げています。

　一つ目は、「調査対象そのものあるいはそれに関連した事項に関する、資料的な性格の強い文献」で、「新聞や雑誌、事典、各種データベース、そして各種の報告書や統計資料など」を含みます (p.125)。佐藤は、「自分が調べようと思っている問題に近い領域」を、「少なくとも二つ」カバーすることを勧めています (p.128)。例えば、オーストラリアの年少者に対する日本語教育がテーマであれば、テーマそのものに関する文献（先行研究や資料）に加え、海外の年少者に対する日本語教育、日本の年少者に対する日本語教育、オーストラリアの成人に対する日本語教育など、近接するテーマに関する先行研究も調べます。あるいは、日本語教師の成長をテーマとするのであれば、このテーマの先行研究に加え、教師の成長を教育学的枠組みからみた先行研究や、教師の成長を心理学的枠組みからみた先行研究なども、カバーしておくべきでしょう。

　佐藤が挙げる二つ目の文献は、「情報をどのような観点からどのように解釈したり利用すべきか、について教えてくれる文献」です (p.125)。このような良質の専門書は、「情報から知識を組み立てる上での枠組みを作るヒントを提供してくれ」、さらに、「そもそもなぜその問題が大切なのか、何が自分にとって問題なのかという問題発見の方法をも教えてくれ」るといいます (p.126)。

これは、まさに理論的枠組みを明らかにし、構築するために有効な文献です。ではどのような専門書がよいかについて、佐藤は、「色々な分野でよりどころにされている各種の古典」を読むことを勧めています（p.127）。佐藤は、「フィールドワークの場合に限って言えば、自分が調べようと思っている地域や問題と直接関係のない文献であっても、古典や名著といわれている民族誌は、ぜひ読んでおきたいものです」と述べています（p.127）。なぜなら、「これらの民族誌は資料的価値だけでなく重要な理論的考察をも含んでいることが多」いからです（p.127）。

4. どのように文献を見つけ、収集するか

では、自分の研究テーマに関連のある、読む価値のある文献を、どのように見つければよいでしょうか。また、非常に多くの文献を、どのように収集し、整理し、読み進めていけばよいでしょうか。

(1) 事典やレビュー論文を利用する

自分の研究したいテーマに関して、まだ、漠然としたイメージしか持っていない場合は、まず、そのテーマに関する事典などから情報を得るとよいでしょう。また、レビュー論文と呼ばれる論文を読むのもお勧めです。レビュー論文では、あるテーマに関して公表された主要な先行研究が網羅的にレビューされ、重要な論点や今後の研究において取り組むべき課題などが議論されています。こうした文献を読むことによって、自分が研究しようとしている領域における、主たる研究や理論、論点を確かめることができます。

(2) データベースを使って論文を検索する

テーマに関するおおよそのイメージがつかめたところで、データベースを使って関連しそうな文献を調べましょう。学術雑誌に掲載されている論文を検索するためには、論文検索用のデータベースを利用します（ コラム1 参照）。キーワード検索の結果から、どのような論文が、いつごろ誰によって書かれているのかを知ることができます。題名から、自分のテーマに関連がありそうな論文を見つけたら、論文を入手します。データベースから直接、論文の電子

ファイルをダウンロードできる場合もありますが、電子ファイルのダウンロードに料金がかかる場合や、紙媒体でしか発行されていない場合もあります。すぐに入手できない論文でも、後で忘れないように、検索結果を「作業用書誌」（次節参照）に記録しておきます。

(3) 論文の参考文献リストから、関連のありそうな論文を特定する

　論文を入手したら、題名、要旨、はじめに、おわりに、等に、ざっと目を通します。自分の研究に特に関連が深そうな論文であれば、後に時間を取ってじっくりと読みましょう。論文の余白や作業用書誌に、「関連が深い」「要精読」等と、メモをしておくとよいでしょう。

　また、論文の末尾にある、「参考文献」にも目を通しましょう。「参考文献」は、論文の中で言及された先行研究の書誌情報がすべて記載されたリストです。この参考文献リストの中から、自分のテーマに関連のありそうな題名を見つけたら、その論文を入手しましょう。このように、参考文献リストから次々に関連ある論文を見つけ、入手していくのです。

(4) 先行研究同士の関係を把握する

　テーマに関連する論文の参考文献リストを見ていくと、何度も言及されている論文があることに気づくでしょう。こうした論文は、そのテーマにおける代表的な先行研究といえます。代表的な先行研究は、「現在の学説を規定している重要な内容だったり、当時の学説を根底からくつがえす新しい内容だったりする研究」です（佐渡島・吉野、2008、p.187）。このような文献は、自分の研究テーマの「幹にあたる文献」といえます（佐渡島・吉野、2008、p.187）。このような代表的な先行研究は、佐藤（1992、p.127）が言う、「色々な分野でよりどころにされている各種の古典」、あるいは「良質の専門書」と重なります。このような代表的な先行研究は、ぜひ入手してじっくり読みたいところです。

　佐渡島・吉野（2008）は、「幹にあたる文献」と「枝にあたる文献」を見分け、「自分の研究がどの枝にあたるのかが自覚できたらよい」と述べています。そのためには、とにかく「たくさんの先行研究を読むしかありません。」と佐渡島・吉野は指摘します。たくさんの先行研究を読むうちに、次第に「どの文献が幹でどの文献が枝なのかという全体の形」が見え、さらに「幹と枝との関係、枝

と枝との関係が見えてくる」と言います。このように「構造的に先行研究同士の関係が理解できる」ようになると、そのテーマという樹には「もう新しい枝が出そうもないとわかる時がくる」と言います。(pp.187-188)

(5) 文献収集をやめる

では、いつ文献収集を終えてよいでしょうか。メリアム（1998/2004）は、「文献レビューをいつやめるかを知ることは、どこでどうやって資料を入手するかを知るのと同じくらい重要である」(p.80)と述べています。メリアムは、「その領域で重要な文献をすべてカバーしたと、あなたが自覚したとき」、そして「あなたが、文献を知っている」、「文献を自在に扱える」と思ったときが、文献収集、レビューのやめどきだと指摘します（pp.80-81）。(4) のステップで、かなりの数の先行研究を読み、先行研究同士の関係を構造的に把握したら、文献収集を十分に行ったと考えることができるでしょう。

しかしながら、博士論文や投稿論文を書いている場合、論文を提出する直前まで、自分のテーマに関連する最新の論文が発表されていないか、チェックし続ける必要があります。博士論文や投稿論文では、とりわけ研究の独創性が求められます。自分の論文が発表される前に、他の研究者が、全く同じテーマで先に論文を発表してしまうと、自分の論文の独創性がなくなってしまうからです。もし、似たようなテーマの論文が発表されているのであれば、その論文と自分の論文がどのように異なるのか、自分の研究の独創性はどこにあるのかを説明する必要があるのです。

5. 文献を整理する―作業用書誌（ワーキング・ビブリオグラフィー）を作る

(1) 作業用書誌とは

文献を検索し、収集するうちに、どんどん情報が増えていきます。一度読んだ文献を後で探しても見つけられない、という事態を経験したことはありませんか。たくさんの情報を整理し、管理することは、実は研究の内容や進み具合をも左右します。

そのために、作業用書誌（ワーキング・ビブリオグラフィー）を作成することをお勧めします。「作業用書誌とは、『この論文を書くにあたって目を通すか

もしれない全ての資料の情報』を一つにまとめた自分用の記録」で、「実際に読む資料の何倍もの本や論文の情報」を集めたものです（佐渡島・吉野、2008、p.162）。

　作業用書誌は、ノートやカードに手書きして作ることもできますが、コンピュータを使って電子的に管理する方が便利です。ワープロソフトでもよいですし、エクセルなどの表計算ソフトを使うのもよいでしょう。

　有料ですが、文献管理専用のソフト（EndNote など）を使うこともできます。学生に無料で文献管理用のシステムを提供している大学もあります。例えば、早稲田大学では RefWorks というウェブ上の文献管理用システムを、学生は無料で利用することができます。図書館の蔵書検索システムとリンクしているので、読んでみたいと思った文献にチェックを入れるだけで、自分の RefWorks のファイルに取り込むことができます。

　大学以外でも、無料の文献管理ソフトをオンラインで入手することができます（例えば、Zotero、Mendeley）。文献管理ソフトの中には、論文を作成するときに、本文中で引用した文献の書誌情報を、参考文献リストに自動的に挿入できるものもあります。ただし、多くの文献管理ソフトは日本語文献に十分には対応していません。文献管理ソフトには、様々な長所、短所があります。あなたにとって使いやすい方法を探してみてください。

（2）どのような情報を記録するか

　作業用書誌にはどのような情報を記録すればよいでしょうか。

　何よりも必要なのは、見つけた文献の「書誌情報」です。書誌情報は、文献を探すために必要な情報です。必要な情報を、後でもう一度調べなおさなくてもよいように、すべての書誌情報をきちんと記録しておくことが大切です。論文を作成する際には、論文末尾に「参考文献」として、本文中で言及した文献の書誌情報を示します（ **コラム2** 参照）。ですから、作業用書誌には、自分の論文の参考文献リストにそのまま載せられる書式で記録しておくと便利です。

　作業用書誌には、自分のためのメモを付けておきましょう。文献を検索する過程で、自分の研究とどの程度関連性があるかメモしておきます。文献を入手したのであれば、その内容に関する覚書や、自身の評価などを書いておくのも

お勧めです。ここは必ず引用したい、という内容は、ページと引用したい部分を書き写しておくと、論文を作成する際に有益です。

　後で文献を検索しやすくするためのインデックスを付けておくのも一つです。例えば、紙媒体の文献と作業用書誌に同じ番号を振って、検索しやすくしている人もいます。文献をカテゴライズするキーワードを付記しておいて、同じカテゴリーを抽出できるようにする人もいます。

　卒業論文、修士論文、博士論文など、長い時間をかけて執筆する場合、作業用書誌に記録する文献情報は膨大になってきます。万が一のPCやメモリ媒体の故障に備えて、くれぐれも、データのバックアップをこまめに取るようにしましょう。

論文作成ワーク 論文の中で先行研究をレビューしよう

　ここでは、論文の中で先行研究をレビューする目的、箇所、方法を考えていきましょう。まず、次の問いに答えてみてください。

> **問3.** 論文の章立てにおいて先行研究に言及するのはどの章でしょうか。
>
> **問4.** 一般的に、論文において、先行研究をまとめて紹介する箇所（先行研究章）があります。この章の目的は何でしょうか。

1 論文において文献をレビューするのはどの章でか

　本書第1章で示した、論文の一般的、基本的な章立てに沿って検討していきましょう。

(1) 序章（導入部分）
　序章では、あなたが追究するテーマが学術的、社会的に価値あることを述べる必要があります。その時、文献を引用すると説得力が増します。例えば、自分が選んだテーマの重要性や、その領域での調査の必要性を指摘している、著名な研究者の言を引用します。あるいは、現存するごく少数の研究を引用することによって、そのテーマに関する調査が少ないことを強調します。

(2) 先行研究章
　先行研究章では、あなたのテーマに関わるたくさんの先行研究を整理しながら引用します。この章の目的や書き方については、次節で詳しく述べます。

(3) 研究方法章
　先行研究で用いられた研究方法を、あなたの研究に援用する場合、先行研究を引用しながら、その方法を説明します。

(4) 研究結果章

　実は、研究結果を述べる章においても、先行研究を用いることができます。質的研究では、研究結果をただ述べるだけでなく、それに対する研究者自身の解釈を合わせて記述します。その時、インタビューや観察等によって得られた内容がどのように解釈できるかを、理論的枠組みとなる先行研究を引用しながら議論することができます。また、自分が調査した結果のある部分が、先行研究とは異なる場合、あるいは先行研究の理論を支持している場合、その先行研究を引用しながら、論じることができます。

(5) 考察章

　研究結果章では、研究結果（データ）についての個別的、具体的な解釈を示しますが、考察章では、研究結果全体を総括してどのような意味が見いだせるのか、はじめに立てた問いにどのように答えられるのかを議論します。その時にも、理論的枠組みとなる先行研究を引用すると、議論が深まります。

(6) 結論章

　この章では、研究領域全体の中に自分の研究を位置づけます。そして、自分の研究が研究領域に対してどのような貢献をしたのか、その意義は何かを述べます。その際、先行研究と自分の研究がどのように異なるのか、自分の研究がどのように先行研究を発展させたのかを、先行研究に言及しながら論じます。

　以上のように、実は、論文全体を通して、どの章でも、先行研究に言及するのです。特に、序章、先行研究章、考察章、結論章では、先行研究を用いながら議論することは非常に重要です。一方、研究方法章、結果章では、先行研究に言及されていない論文もよく目にします。しかし、これらの章においても、先行研究を用いながら記述することによって、議論が深まり、理論的枠組みのしっかりとした論文になります。ぜひ、論文全体を通して、先行研究を積極的に用いてみてください。

2 先行研究章の目的は何か

　論文のどの章においても先行研究に言及しながら論じるのだとしたら、先行研究をまとめて紹介する章（先行研究章）は、何を目的としてどのように書けばよいでしょうか。

　「先行研究章は、自分がどのくらいたくさんの文献を読んだかを示し、学んだ内容を報告するための章だ。」と思っている人はいませんか。学部生や修士生は、しばしば、先行研究の要約を淡々とつづっただけの先行研究章を書きます。しかし、それでは不十分なのです。

　先行研究章の目的は、二つあります。
(1) 自分の研究が、重要かつ新しい研究成果を目指していることを示す。
(2) 自分がよって立つ理論的枠組みを示す。

　では、これら二つの目的を、どのように果たせばよいでしょうか。

　先行研究章では、自分の問いが「過去のどのような研究成果をふまえて立てられたのかを概観します」（佐渡島・吉野、2008、p.186）。そのために、まず、自分の問いと何らかの関係がある先行研究を取り上げて、概要を述べます。つまり、誰が、いつ、何について、どのような方法を用いて調査し、何が明らかになったのかを報告します。そのうえで、その研究が自分の問いに答えられていない部分、つまり、不十分な部分を指摘します。この、未だ明らかになっていない部分に自分は取り組むのだと述べることによって、自分の研究が重要かつ新しい研究成果を目指していることを示します。

　この過程で、理論的枠組みも明示していきます。つまり、あなたが研究テーマをどのような視座から捉えるのかを示します。例えば、次のように論じることができます。まず、先行研究ではテーマに対してどのような捉え方がなされてきたかを、具体的な先行研究を示しながら述べます。次に、そのような捉え方では、テーマに十分に迫ることができない、あるいはテーマについて誤った結論を導いてしまう、といった問題を提起します。そのうえで、これまでの捉え方に替わる、新しい捉え方を提示します。つまり、あなたがよって立つ理論的枠組みを、主要な先行研究を引用しながら説明します。また、なぜこの捉え方をする必要があるのか、どのように意義があるのかを論じます。そして、自分はこのような視座に立って、問いに答えるということを述べます。

以上から、先行研究章では、単に関連する先行研究の概要を紹介するだけでは不十分だということが分かりますね。大切なのは、先行研究に対する、あなた自身の考えです。先行研究があなたの研究にどう関わるのか、先行研究で果たせなかった課題に、あなた自身はどう取り組むのかを、説明するのです。よい先行研究章を書くために、日ごろから論文を批判的に読むようにしましょう。つまり、論文の概要を捉えることはもちろん、その論文があなたの学問分野に果たした貢献は何か、あなたのテーマについて何を明らかにしたのか、その論文の不十分な点や未だ明らかにしていない点は何かを考えながら読むのです。その内容を作業用書誌に「メモ」しておくと、先行研究章を書く仕事がぐっと容易になるでしょう。

【さらに学びたい人のために】

大木秀一（2013）『看護研究・看護実践の質を高める文献レビューのきほん』医歯薬出版

佐渡島紗織・吉野亜矢子（2008）『これから研究を書くひとのためのガイドブック―ライティングの挑戦 15 週間』ひつじ書房

メリアム, S. B.（2004）『質的調査法入門―教育における調査法とケース・スタディ』（堀薫夫・久保真人・成島美弥訳）ミネルヴァ書房（原著は 1998）

論文作成ワーク　先行研究章を書こう

アクティビティ1　先行研究章を書く

　これからあなたが書こうとしている論文の、先行研究章を書きましょう。参考文献リストも忘れずにつけましょう。次の点に留意して書きましょう。

○新しい研究成果を目指していることを十分な先行研究の検討によって示しているか。
○先行研究の検討によって、研究者がよって立つ理論的枠組みが読者に伝わるか。

アクティビティ2　先行研究章の検討

　書き終えたら、**表4**の評価シートを用いて、自分の先行研究章を検討します。仲間と二人組になり、お互いの先行研究章を検討しあえると、有益です。その場合、相手の先行研究章の中に、分かりにくい箇所や、説明が必要な箇所、定義が必要な用語や概念などがあれば、書き手に質問しましょう。

表 4　先行研究章の評価表

_____さんの先行研究章

評価者：_____

観点	評価 ○・△・×
（1）新しい研究成果を目指していることを十分な先行研究の検討によって示しているか。	
・自分の問いに関する先行研究を、十分な数、示しているか。	
・自分の問いについて、先行研究がどこまで明らかにし、何が明らかになっていないかを、明確に説明しているか。	
・先行研究と自分の研究との違い（新しさ、独創性）が、読者に分かる形で明確に説明されているか。	
（2）先行研究の検討によって、研究者がよって立つ理論的枠組みが読者に伝わるか。	
・自分がよって立つ理論的枠組みが、先行研究を用いながら説明されているか。	
・理論的枠組みに関する説明は、研究の問いと合っているか。	
・研究の問い、テーマに含まれる重要概念は、先行研究を用いて定義、あるいは説明されているか。定義や説明が必要な概念はないか。 ※重要概念を□で囲み、説明がなされているかどうかチェックする。	

インタビューで何が分かるのか
―経験の「物語」に分け入る―

　さあ、いよいよ研究の問いを探究するための方法を決めましょう。そうはいっても、研究方法論、研究手法は多種多様です。研究の方法に関する文献は、非常に数多く刊行されています。図書館や書店で、文献の多様さ、膨大さを前に、途方に暮れてしまう人もいるでしょう。

　本書は、多様な研究手法の中から、インタビューと観察を取り上げ、それぞれの基本的な特徴や種類、手続きを概観します。インタビューと観察は、幅広い学問分野で、多様な目的の研究で用いられています。ですから、この二つの研究手法に関する理解を手掛かりにして、自分の研究に合った研究の方法を考えていってください。また、インタビュー、観察、どちらをとっても、多種多様な立場、手続き、技が存在します。もっと深く学びたいと思ったら、ぜひ、あなたの研究関心に近い文献を読むようにしてください。

　本章では、インタビューの特徴と種類、手続きを概観した上で、実際にインタビューを行い、報告書を作成します。インタビューを始める前に行う手続きや研究倫理については第8章で、インタビュー終了後に行う分析については第9章で、詳しく述べます。観察は、第6章で扱います。

1. インタビューで分かること、分からないこと

　次の問いに答えましょう。友人やクラスメイトと一緒に考えてみましょう。

> 問1. インタビューによって分かることは何でしょうか。
>
> 問2. インタビューでは分からないことは何でしょうか。

　いかがですか。私の授業の受講生が挙げたのは表5のような内容です。

表5 インタビューによって分かること、分からないこと ―受講生の意見から―

分かること	分からないこと
人の感情、気持ち	話していることが本当か
人が考えている内容	実際にどのように行動しているか
過去に経験した内容	本当の気持ち
経験をどのように意味づけているか	ことばで表現できない考え、感情
部外者が入れない場での出来事、経験、人間関係、仕組み	本人が忘れている経験、出来事

　まず、インタビューによって分かることを見ていきましょう。
　「人の感情、気持ち」「人が考えている内容」は、その人に聞いてみなければ分かりません。外側から観察しているだけでは、捉えきれない内容です。インタビューだからこそ、分かる内容ですね。ここでは挙げられていませんが、「意図」、つまり、ある言動をとった背景にある考えや目的も、インタビューだからこそ分かる内容です。
　「過去に経験した内容」は、もう二度と起こりませんから、観察することができません。その人に聞いてみるほかありませんね。もしかしたら、周囲の人に聞いても、経験そのものについては分かるかもしれません。しかし、その経験を「どのように意味づけているか」は、経験した本人に聞いてみなければ分かりません。
　逆に、現在起きている事柄や実際の行動については、インタビューをするよりも、その場に赴いて、観察したほうがよいでしょう。インタビューでは、あくまでも、その人が語りたい、あるいは語る必要があると思った内容を話すので、調査者が知りたい内容をすべて語ってくれるとは限らないからです。実際に、現場に赴いて、調査者が自分の目で見、耳で聞くことによって、調査者が知りたい状況、人々の行為、具体的な言動、人間関係などが分かるでしょう。
　しかし、調査者がいつでも他者の活動の場に入れるわけではありません。例えば、企業の戦略会議に部外者が入るのは難しいでしょう。または、家庭での生活について、24時間観察することは、倫理的にも、時間的にも、できません。そのような、「部外者が入れない場での出来事、経験、人間関係、仕組み」に

ついては、インタビューによって知ることができます。

　以上から、インタビューによって分かるのは、直接観察することができない事柄といえます。それは、人の感情、思考、意図、過去の行動、経験や世界に対する意味づけ、調査者が入れない状況等です。

　では、インタビューでは分からないのはどのような内容でしょうか。

　受講生が挙げたように、「話していることが本当か」、「実際にどのように行動しているか」、「本当の気持ち」については、確かに、インタビューからは分かりません。ここで提起されているのは、「本当」はどうなのか、という問題です。つまり、インタビューで語った内容は「真実」なのか、「嘘」をついていないのか、意図的に嘘をついていなかったとしても、事実とは異なる間違った内容を語っていないのか、を問題としています。これは、実証主義的な立場の研究者が、インタビューを用いた質的研究に対してたびたび行う批判と重なります。

　実証主義的な立場に立ってインタビューを行うのであれば、こうした批判が出ないよう、次のような手立てをとるでしょう。例えば、インタビューで語られた内容を、観察や、関連する資料、第三者へのインタビュー等によって裏付けるでしょう（このように、複数の方法を用いることをトライアンギュレーションといいます）。あるいは、できるだけ多人数にインタビューし、特異な語りを除外し、大多数の人に共通する内容を「事実」とみなすかもしれません。

　しかし、解釈主義的立場に立ってインタビューを行う場合、そもそもインタビューから「事実」を引き出そうとは考えないでしょう。むしろ、その人が、ある出来事や状況をどのように意味づけているのかを、インタビューによって捉えようとします。もしも、その人が、実際の経験とは異なった内容を語ったとしたら、なぜそのように語ったのかを理解しようとするでしょう。もしかしたら、あまりにも辛い経験だったために、記憶を塗り替えてしまったのかもしれません。調査者の期待に応えようとして、あるいは自分をよく見せようとして、事実と異なる語りをしたのかもしれません。または、他人に触れてほしくない経験なのかもしれません。こうした可能性も含めて、「人が、何を、どのように語ったのか」、それ自体に注目するのです。

　つまり、解釈主義的立場の研究者がインタビューによって迫ろうとするのは、「事実」ではなく、人の意味づけ、ものの見方の世界なのです。そして、語ら

第5章 ● インタビューで何が分かるのか 85

れた内容そのものを分析対象とするのではなく、「何を、どのように語ったのか」という語り方にも着目します。インタビューによる語りを、「物語」あるいは「ストーリー」として捉えるのです。それによって、その人が特定の「物語」を語った背景にある意味の世界に迫ろうと試みるのです。

「物語」としてインタビューの内容を分析すると、本人が「ことばで表現できない考え、感情」や「本人が忘れている経験、出来事」も、とても大きな意味を持ちます。語らない、あるいは語れない事柄があるのはなぜかを、インタビューという「物語」全体、あるいは他のデータと合わせた分析の中で考えていくのです。

例[1]を挙げましょう。私がインタビューをした高校2年生の生徒は、生まれてから小学校卒業までに覚えている最初の出来事は何かという質問に対して、「5年生の行事です。スキー旅行に行って、すごく楽しかった。」と答えました。私が、「何が楽しかった？」と聞くと、「友達と話をしたのが楽しかったです。5年生の時は、友達と毎日遊んで楽しかったです。先生が男で、優しかったです。」と答えました。一方、4年生までのことは、「覚えていません」、「興味がないから」というのです。

この答えは私にとって衝撃でした。しかし、この生徒の家族へのインタビュー[2]から、小学校4年生までは、ことばがうまく話せず、友達が全くいなかったこと、小学校5年生になって担任の先生と良好な関係に支えられて少しずつ話をするようになり、移動教室をきっかけに友達がたくさんできたことが分かってきました。この生徒にとって、「友達と話」ができ、「毎日遊んで楽しかった」思い出こそ、記憶し、語る意味のある思い出だったのです。反対に、ことばができず友達がいなかった小学校4年生までは、思い出せない、あるいは語りたくない経験だったのです。

この生徒の例からも分かるように、インタビューで得られるのは、実際にあった出来事そのものというよりも、その出来事が本人にとってどのような意味を持っているかを理解するための手がかりなのです。

---

1) 詳しくは太田（2012）を参照のこと。
2) 本書第9章論文作成ワーク「データ分析を体験しよう」に、家族へのインタビューの一部を掲載しています。

2. インタビューの種類

次に、インタビューの種類を見ていきましょう。

(1) 構造化の程度

インタビューを行う際、どの程度インタビューを構造化するかを決めるのが一般的です。次の表は、インタビューの構造化の程度を、直線上に並べて示したものです。

表6　インタビューの構造化の度合い

構造化インタビュー	半構造化インタビュー	非構造化インタビュー
・質問の文言、順序、条件が事前に決められている。 ・全体の傾向を知りたい時、ある特定の情報を集めたい時に適している。	・構造化された質問とゆるやかに構造化された質問の組み合わせ。 ・質問の文言を事前に決めていても、回答に応じて質問を柔軟に変更する。	・語り手に自由に語ってもらう。 ・柔軟性がある。 ・テーマやフィールドについての知識を得たい時、相手個人を深く理解したい時に用いられる。

表の左端は、最も構造化の度合いが高い「構造化インタビュー」、右端は、最も構造化の度合いが低い「非構造化インタビュー」です。その中間にあるのが、「半構造化インタビュー」です。

「構造化インタビュー」では、質問の文言、質問する順序、質問する条件を、事前に決めておきます。最も構造化の程度の高いインタビューは、アンケートのように文章化された調査を口頭で行うようなものです。構造化インタビューは、ある特定の情報、例えば、「人びとの年齢、収入、職歴、配偶者の有無、学歴など」の「一般的な社会人口学的なデータ」を集めたい時に用いられます（メリアム、1998/2004、p.107）。全員に同じ質問をするので、全体の傾向を見ることができます。また、質問の文言、順序、条件を決めておくことによって、いつ、誰が調査しても、回答に影響が出ないようにしています。ただ、高度に構造化されたインタビューであっても、調査者が変わることによって、インタビューにおける回答に違いが出ることが指摘されています（フォンタナ＆フレイ、2006/2000）。

「非構造化インタビュー」では、調査者の側があらかじめ質問項目や順序を決めるのではなく、語り手に自由に語ってもらいます。非構造化インタビューは、「調査者が、適切な質問をするほどには、ある現象に関して十分な知識がないとき」に、「非常に役立」ちます（メリアム、1998/2004、p.108）。実際に、非構造化インタビューは、その後に行うインタビューの「質問を定型化するために、ある状況についての十分な知識を得ること」を目標として、「ケース・スタディの最初の段階で、しばしば参与観察とともになされることが多い」といいます（メリアム、1998/2004、p.108）。また、相手について深く理解したい時、非構造化インタビューが用いられます。非構造化インタビューは、語り手の自由な語りを引き出せるという利点がある反面、一見調査と無関係な語りに溺れてしまう危険性もあります。そのため、非構造化インタビューを効果的に行うには、「調査者の側に熟練が必要」となります（メリアム、1998/2004、p.109）。

　「半構造化インタビュー」は、構造化された質問と、ゆるやかに構造化された質問を組み合わせた形態のインタビューです。質問の文言や順序はある程度事前に決めておきますが、語り手の語りの内容やインタビューの場の状況に応じて、質問を柔軟に変更したり、追加したりします。

　質的研究の場合、構造化インタビュー、あるいは非構造化インタビューだけを用いることは稀です。そうではなく、三つの種類のインタビューを組み合わせて、知りたい情報を効果的に得ようとします。

(2) 単独インタビューかグループ・インタビューか

　インタビューを行う際、単独インタビューを行うのか、グループ・インタビューを行うのか、という選択肢があります。

　単独インタビューは、調査者が、一人の語り手に対して行うインタビューです。それに対して、グループ・インタビューは、研究目的に合った複数の人に集まってもらって行うインタビューです。

　単独インタビューの場合、一人の語り手の話をじっくりと聴くことができます。また、語り手は、他の人の意見に左右されることなしに、自分の考え、思いを話すことができます。ですから、公には話しにくい繊細なテーマについて話を聴く場合や、ライフストーリーのように個人の人生の経験について時間を

かけて聴きたい場合は、単独インタビューが好まれます。

　グループ・インタビューは、何らかの共通点を持った複数の人を集めて行うインタビューです。グループ・インタビューの参加者は、他者の答えを聞くことによって、一人では思いつかなかった考えや記憶を刺激される可能性があります。また、一度に複数の人の発言が得られるため、単独インタビューよりも少ない回数で多くの声が聴けるという利点もあります。

　グループ・インタビューにおいて調査者は、質問を行うインタビュアーの役割と、司会者の役割を担います。特定の参加者ばかりが話し、引っ込み思案な参加者は発言しない、という状況を避け、確実に全員から回答を得られるように、調査者は発言の少ない参加者を励ます、指名するなどする必要があります。

　グループ・インタビューを行う場合、いくつかの注意点があります。まず、参加者の発言は、グループの人間関係によって大きく左右されるということです。例えば、同じ職場の上司と部下を集めて、仕事上の不満を尋ねたら、部下にとって、上司に対する不満は話しにくいでしょう。ですから、グループ・インタビューの参加者を選ぶ際、人間関係、もっといえば、力関係をよく考える必要があります。別の注意点は、個人の発言が、グループの発言によって影響を受けるという点です。グループの大多数が同じ意見を述べた場合、それとは異なる意見を持っていても発言しにくいかもしれません。あるいは、グループの発言が、強い主張を持った一人によって、方向づけられるかもしれません。調査者は、こうしたグループならではの力関係を理解して、進行する必要があります。

3. 語りを引き出すインタビュー

　インタビュー、とりわけ非構造化インタビューや半構造化インタビューでは、一人ひとりの語り手の語りを豊かに引き出すことを目指します。そのために、調査者が投げかける質問や、調査者の聴き方が、非常に大切です。では、どのような質問、聴き方がよいのでしょうか。

（1）避けるべき質問、悪い質問

　よい質問を考えるために、まず、悪い質問を考えてみましょう。メリアム

(1998/2004) は、避けられるべき質問として、三つの種類を挙げています。

　一つは「多重質問」です。多重質問は、「実際には2つのことを同時にたずねている質問や、個別に答えられないような一連の質問群など」(p.113) です。例えば、「中学1年生の時の担任の先生とクラスメイトについて、どう思いましたか。」という質問は、「担任の先生」についての思いと、「クラスメイト」についての思いという、二つの別の事柄を同時に質問しています。一連の質問群は、例えば、「中学校に入学したころの生活はどのようでしたか。友達はできましたか。宿題はどのようなものが、どのくらい出ましたか。」のような、関連する複数の質問です。このような多重質問をしてしまうと、相手は質問の一部にしか答えなかったり、どの質問に答えているのか分からない曖昧な答えをしたりします。例えば、「中学1年生の時の担任の先生とクラスメイトについて、どう思いましたか。」という質問に対して、「うーん、あんまり親しくはなれませんでした。」という答えが返ってきた場合、担任の先生のことを言っているのか、クラスメイトのことを言っているのか分かりませんね。

　二つ目は「誘導質問」です。これは、調査者が持っている先入観や前提へと、答えを導いてしまう質問です。例えば、「あなたが『自分はフィリピン人だなあ』と感じるのはどのような時ですか。」という質問は、相手が自分を「フィリピン人だ」と認識している、という前提に立っています。しかし、相手が本当にそのように感じているのかどうかは分かりません。

　三つ目は、「はい」か「いいえ」で答えられる質問です。メリアム (1998/2004) は、「単純に『はい (yes)』か『いいえ (no)』で答えられる質問は、どのようなものであっても、そのようにしか答えられないものなのである。」(p.115) と指摘します。「はい」「いいえ」という答えは、量的に結果を集計する時にはよいかもしれませんが、それだけでは、具体的な状況や理由はわかりません。「中学校での授業は難しかったですか。」という質問よりも、「中学校での授業について、あなたはどのように感じていましたか。」と聴く方が、もっと詳しい答えが返ってくるでしょう。

　これら三つの他にも、意味が分かりにくい質問は避けましょう。例えば、意味が曖昧なことば、人によって解釈が様々に異なることば、専門用語が使われている質問です。「教師の教育観の形成・変容過程」を研究テーマとしていたとしても、このことばをそのまま使って質問すると、聞かれた方は何をどう答

えればよいか分かりません。調査者が意図しているのとは違う意味で解釈して答えるかもしれません。代わりに、「教師になってから現在までの間に、教育に関してどのような考え方を持ってきましたか。そのような考え方を持つに至ったきっかけとともに、教師経験を振り返ってお話してください。」等のように、かみ砕いて質問します。一般の人に分かるように、日常的なことばを使って、意味が明確な質問をしましょう。

(2) よい質問

「悪い質問」の例から、意味が分かりやすく、できるだけ相手が、自由にたくさん話してくれるような質問がよいといえますね。ただ、どんなによい質問であっても、自分の意見や経験を言うことに抵抗を感じさせるテーマがあります。あるいは、相手の経験を直接尋ねても、あまり具体的な話が出てこない場合があります。そのような時には、次のような質問が有効かもしれません。

一つは、「仮定的な質問」です。これは、「ある特定の状況を設定して、それがどのような状況なのか、その状況では何をするのかといったことを、回答者に推測させるような質問」で、「『かりに〜ならば』とか『たとえば〜の場合』といった表現」を用います（メリアム、1998/2004、pp.111-112）。例えば、外国から日本の小学校に転校してきた経験を持つ人に、「もし、小学校4年生の子どもが、初めて外国から日本の小学校に転校してきたら、その子はどのような1日を過ごすでしょうか。」と質問します。そうすると、語り手は、自分自身の経験と重ねて、転校初日の状況や、それに対する感情がどのようだったかを、詳しく話してくれるでしょう。

二つ目は、「反対の立場からの質問」です。これは「論争的なテーマにおいて、回答者の意見や反応を知りたいときに、とくに有効」な質問で、「回答者が問題に対してたまたま敏感になっている場合に、回答者を当惑させたり反感をもたせたりするのを避ける」ことができます（メリアム、1998/2004、p.112）。相手が置かれた立場や推測される意見とは反対の意見を提示して、それに対する意見を尋ねるような質問をします。このような質問は、語り手自身のことを尋ねているわけではありませんが、質問に対する回答は、語り手自身の「個人的な意見や感情である場合がほとんど」だといいます（メリアム、1998/2004、p.113）。例えば、学業に困難を抱えていた経験のある人に、「学校の成績が悪

いのは努力をしないからだ、という人がいます。そのようなことをいう人たちに、何といいますか。」のように質問をすると、語り手は、その人自身がどのような苦しい状況に置かれているのか、なぜ学業に困難を抱えるに至ったのかを、語ってくれるかもしれません。

　三つ目は、「理想的な立場からの質問」です。これは、「研究の対象となる現象」に対する「情報と意見を引き出す」質問です。この質問は、語り手が関わっている現象についての「良い点、問題点ないしは欠点の両面を引き出すため、評価研究で用いると有効」です。（メリアム、1998/2004、p.113）

　これらの質問も取り入れながら、相手にとって分かりやすい質問によって、詳しく、豊かな語りを引き出しましょう。

(3) よい聴き方
　よい質問を用意しておいても、相手の話を聴くうちに、もっと詳しく聴きたい内容が新たに出てくることが往々にしてあります。非構造化インタビューや半構造化インタビューでは、相手の話をさらに引き出す聴き方がとても大切です。

　最も大切なことは、話を聴かせていただく調査者の心持ちと態度です。どのような人であっても、その人の考え、感情、経験、行動に対して、敬意と興味を持って、話を聴かせていただくのです。私は、たくさんの方のライフストーリー、つまり、人生の物語を聴かせていただいてきましたが、一人ひとりの物語は本当に興味深く、豊かでした。また、その時その時の行動や考えの背景には、その人らしい、正当な理由がありました。インタビューは、他者が生きて経験してきた、意味の世界を見せていただく場です。その人の大切な物語に対して、敬意と興味を持つことが、何よりも大切です。その心持ちと態度は、必ず相手にも伝わります。

　そのような心持ちと態度をもって相手の話を聴くことが、「傾聴」に繋がります。つまり、自分が相手の話をコントロールするのではなく、相手の話を、興味を持ってよく聴くのです。あいづちを打ったり、うなずいたり、話に反応して表情を豊かに動かしたりということは、傾聴していることを語り手に伝える手段になります。うなずいたり、あいづちを打ったりして話を聴くことによって、今話している内容をもっと聴きたい、その話題についてこのまま話し続けてほしい、というメッセージを語り手に伝えることができます。

語り手の話から、特定の話題についてさらに話してほしい時には、語り手の言った言葉を繰り返すのも、有効です。例えば、語り手が、「あの頃は、仲のいい仲間と一緒になって、色々いたずらをしたものです。」と話したとします。あなたがもし、語り手の人間関係について知りたかったら、「仲のいい仲間がいたんですね。」と、繰り返します。そうすると、「そうそう、クラスのガキ大将みたいなのが三人いてね。一人は…」と、仲間について詳しく話してくれるでしょう。一方、「いたずらしたんですね。」と繰り返すと、「そうなんですよ。バケツに水を汲んでおいてね…」と、どんないたずらをしたかを詳しく話してくれるでしょう。佐渡島・吉野（2008）は、「新しい言葉をこちらから提示せずに、相手の言葉の中で対話をしていくようにしながら、聞きたい方向に徐々に内容を深めていきます。」（p.216）と、言葉を繰り返す効果を指摘しています。

　あいづちや、相手の言葉を繰り返すだけでなく、相手の言葉を踏まえて、新しい質問を投げかけることももちろん効果的です。例えば、語り手が、ある出来事について語ってくれたとします。しかし、その出来事について語り手がどのように感じたのかわからない場合、「その時、あなたはどんな気持ちでしたか。」「その出来事について、どう思いましたか。」等と質問することができます。

　よい聴き方は、事前に計画することができません。インタビューを始めたばかりの時は、次にする質問や時間に気を取られ、相手の話をうまく引き出せないものです。よい聴き方を学ぶには、録音したインタビューを文字起こしし、読み返してみましょう。そうすると、「ああ、ここはもっとよく話を聴いておけばよかった。」という箇所や、「ああ、ここはとてもいい話をしてくれていたのに、私が別の質問をして遮ってしまっていた。」という箇所が見えてきます。こうした反省を踏まえてインタビューの経験を重ねることで、よい聴き手に成長していくことができます。

4. 調査者と語り手の相互作用

　調査者が投げかける質問や話の聴き方によって、インタビューで語られる内容は大きく変わります。構造化インタビューのように、質問の文言、順序、条件を揃えたとしても、やはり、インタビューで語られる内容は、様々な影響を受けて変化します。インタビューは、聴き手（調査者）と語り手（調査協力者）

が、相互に影響を与え合いながら共に物語を作っていく行為だからです。

　ホルスタインとグブリアム（1995/2004）は、「インタビューとは、人と人とのあいだで起こる、その筋書き自体がどんどん展開していく演劇である。」(p.48)といいます。また、桜井（2002）は、インタビューにおける語りが、「かならずしも語り手があらかじめ保持していたものとしてインタビューの場に持ち出されたものではなく、語り手とインタビュアーとの相互行為を通して構築されるものである」(p.28) といいます。（詳しくは、第7章を参照）

　このような考え方に基づくと、語り手の語った内容はもちろん大切ですが、どのようなやりとりの中でその内容が語られたのかも、同様に大切になってきます。つまり、調査者がどのような質問をし、語り手の語りに対してどのようなあいづちや促しをしたのかというやりとりや、調査者と語り手の関係も、記述され、分析される必要が出てきます。インタビューの場で起こった、調査者と語り手との間の相互作用全体が、分析対象となるのです。

5. インタビューを記録する

　インタビューでとても豊かな語りが聴けたとしても、すべてを記憶しておくことは不可能です。インタビュー結果をもとに論文を作成する場合、インタビューの内容を記録しておくことが不可欠です。

　相手の了解が得られるのであれば、インタビューの音声を録音することを強くお勧めします。録音されると緊張する方もいるでしょう。しかし、話をしているうちに、録音されていることを次第に意識しなくなることが多いです。

　録音によって残せる情報は、音声のみです。つまり、インタビューで話されたことばや笑い声、間、ため息等の音声情報です。表情、しぐさ、姿勢等の非言語情報や、座る位置、インタビューが行われた場所の明るさ、匂い、気温や湿度といった環境に関する情報は、録音によって記録することができません。しかし、こうした非言語情報や環境に関する情報が、インタビューの内容を解釈する際に、しばしば大切になってきます。ですから、録音する場合でも、できるだけメモを取りましょう。メモを取りながらではインタビューに集中できないのならば、インタビューが終わったらすぐに、インタビューを振り返って、メモを取るようにします。

相手が録音することに同意しなかった場合、録音することはできません。隠れて録音してはいけません。研究倫理に反します。許可を取らずに、こっそり録音することも、研究倫理に反します。決してしないようにしましょう。
　録音できない場合、メモを取るしかありません。すべての発言をメモすることは難しくとも、相手の発言の要点となることばや文を、できるだけ相手が使った表現のまま、メモするようにしましょう。そして、インタビューが終わった後はすぐに、メモをもとに、より詳細な情報を加えて清書しましょう。その際、非言語情報や環境に関する情報等も含め、印象に残った情報も記録しておきます。相手が実際に発言した内容と自分の覚え書きを、区別できる形で記述しましょう。つまり、発言をそのままメモしたのであれば、直接引用であることが分かるように「　」を付けます。発言の内容を要約したのであれば、「　」を付けず、誰々が何々という主旨の発言をした、のように地の文で書きます。自分の覚え書きは、（　）に括る等して区別します。
　インタビュー内容の記録を書き上げたら、できるだけ時間を空けずに、語り手に確認してもらいましょう。特に、録音ができず、メモと記憶を頼りに作成したインタビュー記録は、是非とも確認してもらうようにしましょう。記憶違いや聞き間違いがあれば、訂正してもらいます。また、変更または削除してほしい発言があれば指摘してもらいましょう。

【さらに学びたい人のために】

小池和男（2000）『聞きとりの作法』東洋経済新報社
桜井厚（2002）『インタビューの社会学―ライフストーリーの聞き方』せりか書房
桜井厚・小林多寿子（2005）『ライフストーリー・インタビュー―質的研究入門』せりか書房
ホルスタイン, J. & グブリアム, J.（2004）『アクティブ・インタビュー―相互行為としての社会調査』（山田富秋・兼子一・倉石一郎・矢原隆行訳）せりか書房（原著は1995）
やまだようこ編（2000）『人生を物語る―生成のライフストーリー』ミネルヴァ書房
やまだようこ編（2007）『質的心理学の方法―語りをきく』新曜社

第5章●インタビューで何が分かるのか

論文作成ワーク　インタビュー報告書を書こう

活動1　クラスメイトや友達と、互いにインタビューを行いましょう

(1)「大学（または大学院）で学ぶ意義」というテーマで研究を行うと仮定して、研究の問いを立てましょう。

問い：
_____
_____
_____
_____
_____

(2) インタビューの計画を立てましょう（どのようにインタビューを始めるか、どのような質問を、どのような順番で聞くか、等）。

(3) インタビューを始めましょう。笑顔で挨拶し、自己紹介し、インタビューを申し込みましょう。また、録音したい場合は、録音してもよいかどうか、相手に確認しましょう。録音できない場合は、相手のことばをできるだけそのままの表現でメモします。

(4) インタビュー終了後、お互いのインタビューを振り返り、感想を伝えあいましょう。
　①インタビューをする側として、どのような気づきがありましたか。難しかった点や、発見はありましたか。
　②インタビューをされる側として、どのような気づきがありましたか。答えにくかった質問はありましたか。相手の聴き方はどうでしたか。

活動2　インタビューした内容を、報告書にまとめましょう

（1）インタビュー終了後、できるだけ早く、インタビューを文字化します。

（2）文字化原稿を何度も読み返しながら、分析します（第9章参照）。

（3）インタビュー報告書をまとめます。次の要素を入れましょう。
　①導入：研究の問い、研究の方法、インタビュー対象者のプロフィール、あなたとインタビュー対象者との関係、主な質問等。
　②インタビュー結果の報告と解釈（第10章参照）：語り手の発言をふんだんに引用しながら、それに対するあなたの解釈を述べます。話題ごとに整理して書くと分かりやすいです。
　③インタビュー結果に対する考察：②の検討を踏まえて、問いに対する答えを述べます。また、その答えに対してあなたがどう考えるのかを述べます。

活動3　お互いのインタビュー報告書を読み合い、感想を伝え合いましょう

　自分が書いたインタビュー報告書を、語り手本人に読んでもらいましょう。また、あなたが語った内容をまとめたインタビュー報告書を読みましょう。そのうえで、次の点を振り返り、お互いに伝え合いましょう。

（1）自分が書いたインタビュー報告書を、語り手本人に読んでもらって、どのような感想を持ちましたか。また、どのようなことに気づきましたか。

（2）あなたが語った内容をまとめたインタビュー報告書を読んで、どのような感想を持ちましたか。また、どのようなことに気づきましたか。

コラム4　インタビュー音声を文字化する

　録音したインタビュー内容を分析可能にするために、インタビューからできるだけ間を置かずに文字化しましょう。文字起こしはとても時間のかかる作業です。私は、外国語である英語のインタビューを文字起こしするのに、インタビューの6倍の時間がかかりました。自分の母語であっても、インタビューの時間よりずっと多くの時間を要します。ですから、音声データをため込まずに、どんどん文字化を進めていきましょう。

　文字起こしは、単純作業のようですが、実は大切な分析の一環です。発言を丁寧に聞いて文字にしていく過程で、インタビューの最中には気づかなかったことに多く気づきます。例えば、相手のことばのニュアンス、間合い、相手が強調したかった点、自分の質問やあいづちのまずさ等です。音声を聞き返すことで、その時の情景や、自分の心の動きなども思い出します。こうした気づきや感想なども、文字化した発言と合わせて記録しておくとよいでしょう。

　ICレコーダーを使って録音すると、音声ファイルをパソコンに取り込むことができます。一般的な再生ソフトを使うこともできます。しかし、やってみるとすぐに分かるのですが、再生ソフトを操作しながら文字起こしするのは、とても面倒です。そこで、私は、文字起こし支援ツール[1]を使っていました。

　文字起こし支援ツールでは、キーボードだけで、音声の再生、一時停止を操作できます。また、音声を再生するスピードを自由に変えることができます。さらに、一時停止後に再生する時、自動的に数秒巻き戻して再生することができます。こうした機能のお陰で、文字起こしを効率的に進めることができます。

　インタビューの言語と、論文の言語が異なる場合、翻訳しながら文字起こしする人がいます。しかし、翻訳するとどうしてもニュアンスが変わります。元の発言を確認したい時、音声データに戻らないといけないので、大変です。また、翻訳した原稿だと、語り手に確認してもらえないこともあります。ですから、原語のまま文字化、分析して、論文に引用する部分だけを翻訳することをお勧めします。

---

1) 私が使ったのは、Audiotranskription 社の「f4transkript」と、「Okoshiyasu2」（無料ソフト）です。

観察することと「書く」こと
―現実世界の再構築―

　この章では、観察にはどのような特徴があるか、何をどのように観察するのか、観察した内容をどのように「書く」のかを考えていきます。そのうえで、身近なフィールドで観察を行い、フィールドノーツを書く活動を行います。

1. フィールドワークにおける観察の位置づけ

　観察、あるいは参与観察ということばは、フィールドワークと同じような意味で使われることがあります。ここでは、フィールドワーク、観察ということばが、何を指すのかを確認しておきましょう。
　佐藤郁哉（1992）は、フィールドワークを次のように説明しています。

> 「フィールドワーク」とは、参与観察とよばれる手法を使った調査を代表とするような、調べようとする出来事が起きているその「現場」（＝フィールド）に身をおいて調査を行う時の作業（＝ワーク）一般をさすと考えていいでしょう。この作業を通して集められるデータの多くは「一次（的）資料」、つまり調査者が自分の目で見、耳で聞き、肌で感じた体験をもとにした資料としての価値をもちます。(pp.30-31)

佐藤が説明するように、フィールドワークは、研究対象となる「現場」で行う調査活動全般を指します。そして、観察、特に「参与観察」と呼ばれる観察の形態は、フィールドワークにおける「代表」的な手法といえます。参与観察は、観察対象となる活動に参与しながら行う観察です。つまり、観察対象となる人々と関わりながら、調査者自身もその現場の参加者として活動に参加しながら、同時に現場での人びとや活動を観察していくのです。
　フィールドワークで行われる調査活動は、参与観察に限りません。サトルズ（1984/2000）は、「フィールド調査は、使える方法なら何でも折衷的に使うし、その第一の特徴はまさに物事が起きているその現場での調査の実践とみずから

の経験にもとづく研究である。」(p.43) と述べています。

　しかし、「参与観察」ということばが、「フィールドワーク」とほぼ同じ意味で使われることもあります。佐藤（1992）は、狭い意味での参与観察は、次の三つを中心とする調査活動を指すと述べます。すなわち、「調査地において現地の社会生活に参加しながら（①）、メンバーと同じような立場で出来事をまさにそれが起こるその現場で観察し（②）、また、自分が直接観察できない出来事（過去に起こった事など）の事実関係に関しては他のメンバーから聞き取りによって情報を収集」する（③）という三つです。一方、これら三つに加え、次の二つの活動も加えたすべてを参与観察と呼ぶことも多いと指摘します。すなわち、「その社会について書かれた文書資料（統計資料や歴史資料など）や器具・道具の収集と分析（④）、あるいはまた、さまざまな物事や出来事に関するメンバーの感想や意味づけなどについてのインタビュー（⑤）」という二つの活動です。そのため、人によっては、これら五つの調査活動全体を「フィールドワーク」と呼び、「①を前提として行われる②や③の作業をさして参与観察とよんで区別することもある」といいます。（佐藤、1992、pp.132-133）

　以上の佐藤、サトルズの指摘からも分かるように、フィールドワークは、参与観察、インタビュー、資料の収集と分析を含め、複数の調査活動を「折衷的に使う」調査の形態であるといえます。参与観察は、フィールドワークと同じような広い意味で使われることもありますが、本章では、狭い意味に限定することにします。つまり、調査対象である現地に赴き、人々と関わりながら、そこで起きている出来事を見たり、体験したり、話されていることを聞いたりするという意味での観察です。

2. 観察の特徴と長所

> **問 1.** 観察はどのような特徴を持つでしょうか。また、調査において、どのような長所があるでしょうか。インタビューや他の研究手法と比較しながら考えてみましょう。

　第一に、観察では、調査者が研究対象を「直接」見たり聞いたり触れたりし

てとらえることが出来ます。この特徴は、インタビューにはない長所といえます。インタビューで得られるのは、調査協力者を介した二次的説明だからです。

　佐藤（1992）は、フィールドワーカーの様々な活動を簡単に「①すること、②見ること、③話すこと・聴くこと」に分けた上で、多くの研究においては「『見ること』が不当に軽視されている」と指摘します（p.152）。そして、「誰かがしゃべったことだけでなく、その人がどういう衣装を着ていてどういう髪型をし、またどういうアクセサリーをつけていたか、さらにはどういう状況のもとでしゃべったか」や、「ポーズやジェスチャー」等の「非言語的コミュニケーション」が、「しばしば、言葉や文字などの言語を中心としたコミュニケーションよりもはるかに豊かな情報と意味を私たちに伝えてくれます。」と述べています（p.155）。他にも、「建物や地形、植物相、食器や工作の道具など」も大切な情報だと指摘します（p.155）。

　このような情報は、現地の人々にとってあまりにも当たり前すぎて、自覚されていないことが多々あります。そのため、このような「習慣的で無意識的」（佐藤、1992、p.157）な要素が、現地の人々にとってどのような影響を与えているかについて、インタビューやアンケートで尋ねても、十分な答えは得られません。それに対して、調査者が外部者の視点で現場を観察することによって、現場の人々が意識していない新たな気づきが得られる可能性があります。ただし、それは、調査者の勝手な解釈かもしれません。そうでないことを確かめるために、「現地の人々との会話」やインタビューを通して、あるいは、さらに注意深い観察と記録によって確認することが必要です（佐藤、1992、p.157）。

　観察の第二の特徴は、研究対象である人々や、活動、関わりを、動きのただ中でとらえることができる点です。アンケートやテスト等では、対象とする人々のある時点でのある一側面を、静止した状態でしか捉えることが出来ません。それに対して、観察では、人々の動きや変化を捉えることが出来ます。参与観察の場合、調査者自身が研究対象の現場に身を置き、人々と関わりながら、活動に参加しながら観察を行います。そのような観察では、調査者自身も動き、観察する視点や、関わる人々が刻々と変わります。継続的に現場に通い観察する場合には、対象となる人々の変化が見えてきます。あるいは、継続的に観察しているからこそ、いつもとは異なる様子があれば、それに注目し、なぜそうなのかを考察するでしょう。継続的な参与観察を通した人々への理解は、アン

ケートやテストによる一面的で静態的な理解に比べ、はるかに深く、示唆に富んでいます。

　観察の第三の特徴は、感じ、考え、関わり、行動する人間が調査を行うという点です。

　客観主義的な立場から観察を行うのであれば、見聞きした事実のみを、調査者の主観を排除した形で記録しようとするでしょう。例えば、「〇〇は、△△と発言した。」「〇〇は、教師の□□という指示に対し、黙ってペンを取り上げ、×××とノートに書きこんだ。」等のような形です。しかし、このような出来事だけの記録からは、〇〇はどういう人物で、その時、〇〇はどのような気持ちだったのか、その出来事は〇〇、あるいは教師にとってどのような意味を持つのかなどについて、読み手に何も伝わってきません。

　それに対し、調査者の主観を通して観察することによって、「人の『思い』」や「その場の『生き生き感』や『息遣い』を描き出」（鯨岡、2005、p.15）すことが可能になります。鯨岡（2005）は、客観主義的な観察を超えて、機械ではなく主観を持った人間が捉えられる内容について、次のように述べています。

> その中身はまず、関わっている相手がいま「こう思っている」「こう感じている」といった、相手の「いま、ここ」での思いや気持ちなどに関係しています。あるいは、その人と関わり手によって構成されるその場の「生き生き感」やそこにいる人たちの「息遣い」のようなものに関係しています。あるいはまた、こう関わればこう応じるというその人固有の独特の感じが関係しています。しかも、それらは関わり手その人、あるいはその場を描き出そうとする観察者その人に「通じてきた」「身に沁みて分かった」「感じ取られた」というかたちで捉えられるものです。要するにそれらは、あるフィールドにおいて、人と人の「あいだ」に生じているものを関わり手や観察者がその「主観」において捉えること（「私」の体験として捉えること）だと概括することができます。（中略）それらは、少し難しい表現を使えば、他者の主観（心）の中の動きをこの「私」の主観（心）において摑むことだという意味で、「間主観的に把握されるもの」とまとめることができます。（pp.15-16）

鯨岡がいう「他者の主観（心）の中の動きをこの『私』の主観（心）において摑む」という行為は、調査する主体が、機械ではなく、主観をもった人間だからこそできる行為です。

もちろん、このような調査者の「主観」を通して捉えた内容が、本当に観察対象者の主観を捉えられているのか、その内容は第三者にも了解できるのかを、調査者は十分に吟味する必要があります。
　観察の第四の特徴は、調査者が見、聞き、体験した事柄を、調査者自身が言語化して記録しなければならないという点です。この点は、調査協力者が言語化した内容を聞き取り、記録するインタビューとは大きく異なります。観察では、人々が話したり書いたりした内容だけでなく、人々の風貌や行動、表情、物理的な環境等、言語化されていない内容についても、記録しなければなりません。たとえ、写真や動画で記録したとしても、それを分析するためには、やはり言語化する必要があります。だからこそ、観察において、「書く」ことは切り離せない要素なのです。
　以上のような特徴をもった観察は、他のデータ収集の手法と組み合わせて用いると、さらに有効です。
　例えば、観察した内容を踏まえてインタビューを行うことができます。観察によって得られた現場の「文脈に関する何らかの知識や特定の出来事や行動など」に関する疑問をインタビューで参照し、さらに尋ねることができます（メリアム、1998/2004、p.139）。例えば、調査協力者である教師の授業を観察した後に、その授業についてのインタビューを行うことによって、授業での教師の言動やそれに対する考えを具体的に聞くことが可能になります。
　あるいは、インタビューでは十分に理解できなかった内容を、観察によって確かめることもできます。インタビューで聴いたある活動について、実際に観察することによって、その詳細を理解することができます。また、人々がインタビューでは「自由に話せ」ない内容や、「議論したがらない」内容を、観察によって明らかにできる場合があります（メリアム、1998/2004、p.139）。例えば、グループ内の気まずい人間関係や、微妙な意見の相違等は、インタビューでは語られないかもしれませんが、人々のやりとりを観察する中で見えてくるかもしれません。
　このように、観察は、「創出されつつある知見のトライアンギュレーション（ある対象に対して、複数の技法を組み合わせて、より多面的にとらえること）」をするために、つまり、「インタビューや文献の分析と組み合わせて、知見を立証するために」、用いられることが多いです。インタビューによる「また聞

きの説明」だけをよりどころにするのでなく、実際の出来事や状況についての調査者自身の観察を組み合わせるのです。(メリアム、1998/2004、pp.138-139)

3. 何を観察するのか

> **問2.** 観察を行う場合、何を観察するのでしょうか。つまり、どのような要素に注目すればよいでしょうか。
>
> **問3.** あなたの研究の問いに、観察を用いて答えようとするならば、どのような要素に注目して観察する必要があるでしょうか。

観察といっても、現場に赴き、ただ漫然と周囲を眺めていたのでは、有益な調査にはなりません。それでは、調査において、何を観察するのでしょうか。
メリアム(1998/2004)は次のように述べます。

> 何を観察するのかは、さまざまな要因によって決定される。まず何よりも、研究を行う調査者の目的が、最も重要となる。言い換えれば、観念的枠組み、問題意識、あるいは、関心となっている疑問などが、観察すべきことがらを決定するのである。(p.140)

観察すべきことがらもやはり、研究の目的、立場、問題意識、問い、理論的枠組みによって決まることが分かります。例えば、同じ小学校の授業を観察するのでも、言語教育研究者は、教師と生徒がどのような言語活動を行っているかに注目するでしょうが、建築学者ならば、校舎全体や教室の物理的環境に注目するでしょう。

しかし、まだ研究の焦点が絞り切れていない段階で調査対象の現場を初めて観察する場合、何をどう観察すればよいか分からなくなってしまうことが多々あります。現場では、様々な要素があり、次々と色々なことが起きていきます。何が重要で、何が些末なことなのか、最初は分かりません。そのような時に何を観察すればよいでしょうか。エマーソン、フレッツ、ショウ(1995/1998)は、「書くことを念頭において観察する際に手はじめに何をすべきか」について、「第

一印象について記録すべきである」と助言して、次のように説明します(p.75)。

> 第一印象には、五感を通して得られる感覚も含まれる—物理的環境としての味、におい、音、あるいはその場所とそこにいる人々の見た目や感じなど。また第一印象の中には、サイズ、空間、騒音、色、道具、動きなど物理的な状況のディテールが含まれるかもしれないし、人数、性別、人種、外見、服装、動作、振る舞いや感情のトーンなどその場にいる人のディテールについての印象もあるかもしれない。このような印象をとりあえず記録しておくと、その場の状況に圧倒され何から手をつけていいか分からないような場合でも、とりあえず調査をはじめる手がかりをつかむことができる。(p.75)

あなたが初めて現場に入り、五感を通して受けた第一印象は、あなた自身の日頃の問題意識や無意識の習慣等と照らして、特に印象に残ったことです。それは、調査を進めていく中で、あなたにとって重要な要素である可能性があります。また、現場に度々足を運ぶうちに、最初の日に驚き、違和感を持った事柄は、当たり前になっていきます。ですから、第一印象を記録しておくことには意味があるのです。

他にも、次のような要素に着目して観察することは有効でしょう。

(1) 〈人がおこなうこと〉、活動と相互作用

サトルズ(1984/2000、p.31)は、〈人が言うこと〉と〈人がおこなうこと〉を区別し、「行動データ」すなわち〈人がおこなうこと〉を「記録するのはとてつもなく重要な課題である。」と述べます。なぜなら、「とかく人は自分の行動を他人に報告する際に選択的になりがちだから」です。そして、「人が自分の行動について言葉で表現する仕方と実際の行動のあり方との間の関係を研究する」ことは「他ならぬフィールドワーカーに課せられた特有の責任」だと指摘します。

メリアム(1998/2004)は、活動と相互作用を観察する際に注目すべきこととして、「何が起こっているのか？ 説明可能な活動の流れは存在するのか？ 人びとはどのようにして活動に取り組み、相互にやりとりをしているのか？」、「その活動はいつから始まったのか、そして、それはいつまで続くのか？」といった問いを挙げています (p.142)。

第6章 ● 観察することと「書く」こと | 105

(2) 〈人が言うこと〉、会話、言葉

　人びとの会話も、観察において注目すべき要素です。「会話の内容」に加えて、「だれがだれに話しかけているのか」、「だれが聞いているのか」にも注目します（メリアム、1998/2004、p.142）。また、「交流に意味を付与するような沈黙や非言語的行動」にも注目し、記録します（p.142）。会話の内容はできる限り記録し、後に直接引用したり、言い換えたり、要約したりできるようにしておきます。

　また、研究対象となる集団で使われている、「隠語」や「俗語」のような「特殊化した言葉」にも注意を払い、記録します（サトルズ、1984/2000、p.32）。なぜなら、「集団のメンバー間に共有されている特有の言葉は、その集団のコミュニケーション生活を観察する上でのぞき窓のようなものになる」からです（pp.32-33）。

(3) 物理的環境

　これは、「状況」、「空間配置」、その場にある「物、資源、技術」、「その場で求められている行動はどんなものか」を含みます（メリアム、1998/2004、p141）。「衣服、車、機械、道路、家、山、河川等々」のような要素は、「人の行動とは全く異質」であっても、「人間の営みの産物であり、調査対象となる人々について入手できる最も公共的な情報」であり、そうした「『人工物 artifacts』は、個人の意識にはのぼってこないかもしれない『作用的仮定 operating assumptions』を明らかにする上でそれ自体として分析の対象になりうるある種の内的秩序」を「内に秘めている」のです（サトルズ、1984/2000、p.32）。

(4) 人

　調査の場にいる人について観察し、記録します。メリアム（1998/2004）は、「その場にだれがいるのか、その人数と各人の役割」、「彼らが一緒にいる理由は何か？　ここにいることを認められているのはだれか？　ここにいるべきだが実際にいないのはだれか？　調査参加者の基本的特性は何か？」を観察し、記述するように助言しています（pp.141-142）。

　サトルズ（1984/2000）は、「人は口述資料の提供者というだけにとどまらず、彼あるいは彼女自身が観察と研究の対象となる。」と述べ、人を観察する重要

性を指摘しています。そして、「人を観察し、その外見や非言語的行動から何らかの推論を得る—それらの事柄を記録にとどめることによって初めて、人は研究の対象となる。」と述べます。サトルズは、「誰か新しい人物に出会うたびにその一人ひとりについてカードを作」り、「推定年齢、所属民族、他人との関係、分かっていれば所属集団、特別に意味のあると思われる外見や非言語的行動の例」等、「入手できるかぎりの情報を書きこむことにしている」といいます。(p.33)

(5) ステレオタイプ的あるいは儀礼的行動

サトルズ (1984/2000) は、「きわめてステレオタイプ的な行動やいつも同じような形でとり行われる儀式」といった「規範的な均一性を自明のこととして仮定するのではなく、問題視し研究の対象とすべき」だと述べます。なぜなら、「我々が規範的な常数としてとらえているものは、実際には、それから一貫して逸脱することによって何かを主張することができる『準拠的ルール reference rules』であることが多い」からです。そのため、観察の際には、「『斉一的ルール』」について、「それに反する行動が何らかの意味をもつ背景となることを行為者が自覚している」可能性を検討してもよい、と指摘します。(p.32)

メリアム (1998/2004) でも、「活動と相互作用をまとめあげている規範やルールは何か」、「それは、典型的な活動なのか、それとも非日常的なものか」を問うように助言しています (p.142)。

(6) 自分自身

観察をしている調査者自身も、観察対象となります。調査者の役割（詳しくは次節参照）はどうでしょうか。「観察場面に対して、観察者として、それとも親密な参加者として、影響をおよぼしているのか」（メリアム、1998/2004、p.143）、自覚して記録します。また、調査者の言動、例えば「あなたは何をいい、何をするのか」も、観察し、記録します (p.143)。さらに、「起こっていることに対してどのような考えを抱いているのか」も、観察し、記録する上で非常に重要な、「『観察者のコメント』」となります (p.143)。鯨岡 (2005) が言うように、観察する中で、「関わり手に感じられる相手の『思い』やそのような『生き生き感』や『息遣い』」(p.17) という、観察する「私」自身が感じ、「間主

観的に把握」(p.16) したものも、記録し、吟味すべき、大切な内容です。

4. 観察者と被観察者の関係

調査者がどのような立場で観察対象となる人々と関係を築くのかは、観察を行う上で重要な要素の一つです。

Gold（1958）は、観察者と非観察者の関係を次の四つに分類しています。

(1) 完全なる参加者

この立場では、調査者の本当の身分や立場、観察をしているということは、観察対象の人々には秘密にし、観察対象の人々と同じように自然にふるまいます。この立場では、観察対象の人々の視点を得られる、内部情報に迫れるといった利点がある一方で、次のような欠点もあります。第一に、調査対象のグループに一体化しすぎるあまり、観察者の視点を失ってしまう危険があります。第二に、調査者が本当は調査をしていたということが、観察対象の人々に知れてしまった時、「スパイ」のように見られ、それ以上調査を続けるのが難しくなります。第三に、そもそも、観察対象の人々に嘘をつき続け、許可なしに調査を行い、その結果を公表するという点で、研究倫理に著しく反します。そのため、完全なる参加者として研究が行われることは、現在ではほとんどありません。

(2) 観察者としての参加者

この立場では、完全なる参加者と同様、調査者は観察対象となるグループのメンバーとして活動に参加し、調査者よりも参加者の立場を優先します。しかし、調査活動を行っているということは、観察対象の人々に知られています。この点が、完全なる参加者とは異なります。調査者が、観察対象の人々と親しくなり、信頼を得るにしたがって、人々が開示してくれる情報は深くなります。内部者の視点に対する理解も深まります。一方で、親しくなればなるほど、個人的な関係を通じて得た情報を公表することが倫理的に難しくなってきます。また、完全なる参加者と同様、あまりに観察対象となる人々と一体化しすぎると、観察者の視点を失ってしまう危険があります。

(3) 参加者としての観察者

　この立場では、調査者が調査活動を行っていることは、観察対象の人々に知られています。調査者は、観察対象の人々と関わりますが、人々と深い関係を築くことよりも、情報を収集する調査者としての役割を優先します。観察対象のグループの多くの人々から幅広く情報を収集しますが、得られる情報は、完全なる観察者や調査者としての参加者と比べて、表面的であったり、観察対象の人々によって制限されていたりします。その一方で、調査者は観察者としての視点を保つことができます。

(4) 完全なる観察者

　この立場では、調査者は、観察対象の人々と、一切関わりを持ちません。ですから、観察対象の人々は、観察されていることすら知りません。マジック・ミラー越しの観察や、公共の場での観察等が、完全なる観察者の立場で行う観察の例として挙げられます。調査者が観察対象の人々と一体化しすぎる心配は全くありませんが、観察対象の人々の言動の意味を誤解してしまう危険性が大きいです。実際には、完全なる観察者として調査が行われることはほとんどありません。

　以上、Gold（1958）による観察者と被観察者の関係のタイプを四つ見てきました。Goldの四つのタイプの他に、「協同的パートナー」という立場も、「調査者と調査参加者との間でとりうる、もう一つの別の立場」として示されています（メリアム、1998/2004、p.148）。

(5) 協同的パートナー

　この立場は、「完全なる参加者に近いが、調査者の素性は、関係者全員に明確に伝えられ」ています。この立場の特徴は、「研究者と調査参加者が、調査のプロセスにおいて同等なパートナーだという点」です。つまり、「研究対象となる問題の定義、データの収集と分析、調査結果の執筆と報告など」を、研究者と調査参加者が対等の立場で、共に行うのです。（メリアム、1998/2004、p.148）

実際にフィールドワークを行う際には、調査の過程の中で、立場を徐々に変えることが多いでしょう。例えば、知人のいない現場を初めて訪れる時には、人々とことばを交わすことなく静かに観察することから始め、徐々に、その場にいる人々に話しかけていくでしょう。何人かに個別インタビューを申し込み、実施しながら、徐々に人々との信頼関係を深めていきます。それにしたがって、活動への参加の度合いも増していくでしょう。そして、調査が終わりに近づくころには、少しずつ活動への参加の度合いを減らしていき、現場から離れていくかもしれません。大切なのは、あなた自身が、その時その時に、調査対象となる人々とどのような関係を築いているのか、どのような立場で観察を行っているのかを自覚することです。また、得られた情報を分析する際には、その情報を得た時点でのあなたと人々との関係を考慮することです。

5. 観察を記録する

　フィールドワークにおいて、注意深く観察することと同じくらい重要なのは、観察した内容を記録することです。観察した内容を記録したものは、「フィールドノーツ」と呼ばれます。このフィールドノーツの重要性を、サトルズ (1984/2000) は、次のように強調しています。

> フィールド調査においては、フィールドノーツをとる作業が最も大きな比重をしめる。フィールドノーツはフィールド調査の成果を左右する基本的な証拠資料となる。…理想的なフィールドノーツとは、作成者以外の者がそれを読んでも、作成者のものと同じ推論と説明に達することができるものである。この理想を完全に実現することは不可能かもしれないが、まともにフィールドノーツをつけることができない場合は、そもそもフィールドワークをやろうというその選択についてもう一度考え直すべきである。(p.27)

　サトルズが指摘するように、フィールドノーツは「フィールド調査の成果を左右する基本的な証拠資料」となるほど、非常に重要なものです。「作成者以外の者がそれを読んでも、作成者のものと同じ推論と説明に達することが出来る」ような「理想的なフィールドノーツ」を目指すのです。

　では、フィールドノーツは、いつ、何を、どのように書けばよいのでしょうか。

(1) フィールドノーツの種類

　フィールドノーツには、様々な種類があります。佐藤（2002b、p.160）によると、アメリカの人類学者たちは、次の四種類の資料をフィールドノーツと呼んでいるそうです。

　①出来事が起こっている最中にメモ用紙、メモ帳、カードなどに書き込んだメモ（**現場メモ**）
　②①などをもとに一日（あるいは数日）の間の観察や考察をまとめて清書した記録（**清書版フィールドノーツ**）
　③聞き取りの記録（インタビューの最中にとったメモおよび録音テープを起こした記録を含む）
　④調査の最中につけた日記や日誌

佐藤は上記の四種類のフィールドノーツの中で、特に重要な資料について、次のように説明しています。

　　この四種類のフィールドノーツは、そのどれもがフィールドワークの成果を最終的に民族誌としてまとめあげる上で大切な資料になりますが、なかでも一番目と二番目の意味でのフィールドノーツつまり**現場メモ**と**清書版フィールドノーツ**は、フィールドワークにとって特別の意味をもっています。さらに、清書版フィールドノーツにおいては、単に観察した内容を忠実に記録した記述の部分だけでなく、それをもとにして考察を加えた**理論的覚え書き**が重要な役割を果たします。(p.161)

　清書版フィールドノーツは、分析対象となる《データ》であり、また、論文の中に組み入れ再構成してくための《素材》でもあります。ですから、サトルズ（1984/2000）が指摘したように、「作成者以外の者がそれを読んでも、作成者のものと同じ推論と説明に達することができる」清書版フィールドノーツを書けるかどうかが、「フィールド調査の成果を左右する」のです（p.27）。

　清書版フィールドノーツは、現場メモに書かれた内容をタイプしなおしたもの、という意味ではありません。佐藤（2002b）は、清書の意味について、次のように説明しています。

　　現場メモは下書きというよりはごく大まかなスケッチやデッサンといった方がふさわしく、清書版フィールドノーツを仕上げる作業は、下書きの文章をきれいに清書するというよりは、そのスケッチをもとにして、目にした情景を一枚

の絵としてできるだけ忠実に再現していくプロセスのようなものとして考えた方がいいのです。(p.185)

では、清書版フィールドノーツを「一枚の絵としてできるだけ忠実に再現」するためには、どのように書けばよいでしょうか。

(2) 清書版フィールドノーツを書く際の留意点

よい清書版フィールドノーツは、その場にいなかった他者が読んでも、その場の情景や出来事が生き生きと目の前に浮かんできて、調査者と同じ体験をしているかのように感じられるように書かれています。それと同時に、清書版フィールドノーツは、調査者が導いた結論、主張を支える根拠（証拠）となる必要があります。そのためには、観察した事象を具体的に、詳細に記述する必要があります。

鯨岡（2005）は、「当事者に間主観的に感じ取られる広義の情動体験が重要だとはいっても、それ自体が重要だというより、むしろ人の生き様をあるがままに捉える上にそれらが欠かせないから重要だ」と指摘します。そして、だからこそ、「真のエピソード記述が目指すべきは、まず第一にその人の生き様の『あるがまま』であり、第二にそこから浮上してくる意味」だといいます。そして、この「『あるがまま』」を捉える上で、「事象の客観的側面」が重要だといいます。つまり、「その出来事はかくのごとく起こったというその出来事の客観的な流れや、その人の生き様はかくのごとくであったというその人の客観的なありよう」を「必ず押さえておかねばならない」のです。(p.20)

佐藤（2002b）は、「主観的な印象をそのまま言葉にしたような記述」（p.166）を避けるように助言します。たとえば、「部屋には大勢の学生がいた。」「その男性は、くたびれた印象を与えていた。」というような記述は、「主観的な印象をそのまま言葉にしたような記述」ですね。「大勢」とは、30人なのか、100人なのか、300人なのか、男性のどのような様子から、「くたびれた印象」を受けたのか、読んだ人には分かりません。

このような主観的な印象を書くこと自体は構わないとしても、必ず、「その印象のもとになった視覚的な情報や聴覚的な情報、つまりその『根拠』」を書いておくことが必要です（佐藤、2002b、p.166）。「くたびれた印象」を与えた根拠となった服装、髪型、推定年齢、姿勢、表情、しぐさ、声の調子などを、

具体的に記述しておくのです。例えば、「シワだらけのグレーのスーツに、洗いざらした白いシャツを着て、紺色のネクタイを緩めにしめた五十代前半の男性。白髪まじりの髪はやや乱れていて、顔には無精ひげが生えている。表情はなく、充血して眠そうな目は、ぼんやりと手元の書類に向けられている。」と書けば、その人物のイメージが、読み手にも共有されます。

また、人々の発言の内容や、行動、その場の情景等も、できるだけ、具体的に、詳しく記述します。そうすることで、フィールドノーツを読んだ人が、まるで「一枚の絵」、あるいは、その場の映像を見ているように、生き生きとしてきます。

このような、「物や人あるいは出来事のディテールについて綿密に書き込むような視点」を、佐藤（2002b）は「虫の目」と呼んでいます。一方、フィールドノーツには、観察対象となったフィールドや出来事の全体像をつかむような工夫も必要です。佐藤は、「鳥瞰図的な視点、つまり空から下を見下ろして、全体の構図を大づかみにするような物の見方」を、「鳥の目」と呼びます。この、**「鳥の目と虫の目のバランス」**を取ることが、重要です。(p.167)

「鳥の目」にあたる工夫として、佐藤（2002b）は、次の工夫を挙げます。

一つ目は、見取り図です。観察対象となった空間全体の構造をおさえるために、見取り図をスケッチしておくのです。例えば、部屋の形、大きさ、どこに何があり、誰がいるか等を、書きこんでおきます。

二つ目は、「流れ」です。これは、「それぞれのエピソードの順序を記録することによって、時間的順番と出来事の流れという意味における全体の構成のあらましを示」（p.168）したものです。一つひとつのエピソードが始まった時刻とエピソードのタイトルをリストアップして示すことで、全体的なエピソードの流れをつかむことができます。

三つ目は、「人びと」です。これは「登場人物をその推定年齢や服装などを中心にして簡単に記述することによって、その場を構成しているキャラクターのラインナップを示」（p.168）したものです。

(3) 観察者のコメント

こうした工夫に加えて、フィールドノーツのもう一つの重要な要素は、「観察者のコメント」（メリアム、1998/2004）、あるいは「理論的覚え書き」（佐藤、

第6章●観察することと「書く」こと　113

2002b、p.161）です。メリアム（1998/2004）は、観察者のコメントを、次のように説明しています。

> コメントには、調査者の感情、反応、直観、最初のころの解釈、そして作業仮説などが含まれる。これらのコメントは、何が起こったかの事実的記述以上のものである。それらは、その場の人びとや活動に関する、コメントや考えである。観察されたものに関する疑問を呈するときやそれがいったい何を意味するのかを推測するとき、調査者は、実際はすでに、何らかの予備的なデータ分析に取り組んでいるのである。データ収集と分析を結合させるところに、質的調査の本質的な部分があるといえる。(p.155)

フィールドノーツに書きこまれた「調査者の感情、反応、直観、最初のころの解釈、そして作業仮説など」は、観察と同時、あるいは記述と同時に行われる「予備的なデータ分析」なのです。フィールドノーツを記述する過程で、同時進行的に、データ分析も行っているのです。観察者のコメントにおける、この分析、解釈こそ、フィールドノーツの記述を豊かにし、複数のエピソード全体に対する分析、解釈を行う際の貴重な手がかりとなるのです。

観察者のコメントの例を見てみましょう。次のフィールドノーツでは、調査者は「［精神障害者向けの］短期救急治療施設における最初の日のある瞬間について記述」し、（　）内のコメントで、「その経験に対する反応」を記録しています（エマーソン、フレッツ、ショウ、1995/1998、p.223）。

> 短期救急治療施設のオフィスに続く階段を登っていくと、わたしはほとんどすべての段がキイキイきしいだ音をたてるのに気づいた。最上段には、コートを何着も山のようにかけてある、古い松のコート掛けが置いてあった。その背後には、掲示板があり、そこにはいろいろな組織やさまざまなサービスについての情報を掲載したビラが貼ってあった（わたしは階段を登ってきた場面を考えると、もしわたしが精神的に動揺し混乱したクライエントだったら、こんな雑然とした場所で役に立つ情報をみつけることなんかほとんどできないだろうと思った）。(p.233)

このフィールドノーツにおいて、調査者は、観察対象となった物理的空間が人に与える意味について、自分自身の体験を通して記述しています。

このような短い記述のほかにも、「ある特定の出来事や問題に対する、もっ

と手のこんだ考察」を、個別の段落として書き、挿入することもあります。「フィールドの中で起きた出来事に対するフィールドワーカーの接近方法の問題や感情的な反応について掘り下げ、その出来事と他の出来事が関連する可能性についてリアルタイムで考察してみたり暫定的な解釈を提供したり」するコメントを、記述的フィールドノーツとは区別して書いておくと、「細部の記述を調査者が先入観としてもっているカテゴリーや解釈の証拠にしてしまうことを避けられ」ると言います。(エマーソン、フレッツ、ショウ、1995/1998、p.224)

一方、鯨岡(2005)が提唱する「エピソード記述」では、調査者が主観を通して感じ取ったことや調査者自身の行動、考えを、清書版フィールドノーツ本文の中に積極的に記述します。次の例は、ある精神科クリニックで非常勤のデイケアスタッフとして働く観察者が記述した、ある日の出来事の一部です。

> それから決をとる段になったが、トモキさんは<u>表情を固くしたまま、自分のではなくナオヤさんの文章の方にさっと手を挙げた。一旦作業から「降りた」と言ってしまった手前、今さらおめおめと自分の意見の方に手を挙げることなどできないという彼の意地のようなものが伝わってくる一方、それでもそれが、例えばデイケアルームから出ていってしまうという完全放棄の選択肢もあった中で、何とかいらだちを抑えて場に参加し続けようとする彼なりの精一杯の努力であるようにも感じられた。私は、彼の文章も決して悪くはないということを伝える方が良いだろうという読みが働いていたのと、また、正直な感想としても彼の文章の方が落ち着いていると思ったこともあり、トモキさんの文章に手を挙げた。</u>結果は7対4でナオヤさんの文章に挙げた人が多かったが、それなりに数が割れたので、<u>トモキさんのプライドも傷つけられることはなさそうな感じで</u>、一件落着かと思われた。(下線は原文)(大倉、2005、p.138 より抜粋)

上の例では、下線部において、観察者が「『主観』において何を感じ、どのように事象を見ていたのか」が盛り込まれ、さらに観察者自身が「どのようにその場に関わっていたか」も「明示」(大倉、2005、p.140)されています。さらに大倉は、記述したエピソードに対して、なぜそのエピソードが「印象的」だったかという自分の感覚をさらに詳しく観察し、「〈メタ観察〉」として、次のように詳細に記述しています。

〈メタ観察〉
　トモキさんが話し合いを投げ出してしまおうとしているとき、私に生じていたのは「まずいな」という感じであり、「スタッフの児玉さんはどうするんだろう？」という関心であった。その場にいる一人のスタッフとして、何とかトモキさんをなだめて、彼が話し合いに参加できるようにもっていかねばならない、でも自分が児玉さんの側に立って、あまり露骨にそういう態度をとると、トモキさんの態度を余計に硬化させてしまうのではないかという思いと、非常勤なんだからあまり出しゃばらないで、やはりここは常勤スタッフの児玉さんに任せておくほうがいいかなという遠慮から、私は言葉掛けをすることができない。こうした「うっ」と詰まる感じが、まず私を捕らえたものである。だから、その直後に同じ常勤スタッフの森さんからなされた、「トモキさんのも聴かせてもらっていいかな」という絶妙の発言は、私には大きな驚きだった。私が「うっ」となって何も言えないところで、あまりに自然で、しかもトモキさんにきちんと寄り添った発言が、私と同い年の彼女からなされうるという事、そこにはっとさせられたのである。（中略）常勤スタッフと非常勤スタッフのその場への関与の仕方の違いを痛感したのだった。（大倉、2005、pp.144-145 より抜粋）

　この〈メタ観察〉では、なぜこのエピソードが印象的だったのかを振り返ることによって、このエピソードの背後にある、より大きなテーマを浮かび上がらせています。それは、「常勤スタッフと非常勤スタッフのその場への関与の仕方の違い」というテーマです。大倉は、「事象に出会っているときには必ずしも明確になっていない、自らの『主観』過程を意識化していく作業が、研究テーマを煮詰めさせ、エピソードをどう書くべきかということを決定させていく。」（p.145）と指摘します。つまり、この〈メタ観察〉を書くという作業は、自分自身の「主観」を意識化する作業といえます。そして、この作業を行うことによって、自分自身の研究テーマや、事象を分析する視点を明確にすると同時に、どのようにエピソードを記述するかをも、決定していくのです。

（4）現場メモを、いつ、どこで取るか
　清書版フィールドノーツは、現場メモをもとにしています。そのため、現場メモに書かれた内容が、清書版フィールドノーツの内容を左右します。したがって、現場メモはとても重要です。

しかし、一度でも経験するとすぐに分かるのですが、フィールドで人々と関わりながら、出来事や会話をメモしていくという作業は、非常に難しいものです。研究目的で観察する許可を得ている場合であっても、調査者がメモを取り出し、何かを書きこんでいると、人々は何を書いているのかと不審がったり、観察されていることを強く意識した行動を取ったりします。なぜなら、「人前でメモをとるというのは、通常の日常生活ではまずありえない、きわめて不自然な行為」だからです。（佐藤、2002b、p.181）

　メモをとることに対する人々の警戒的な反応に対して、フィールドワーカーたちはこれまで、次のような対策を取ってきました。（佐藤、2002b、p.182）
　　①なるべく人目につかないところでメモをとる
　　②他のタイプのノートやメモをとっている時についでに観察メモをとる
　　③メモやノートをとることが当然期待されるような役割や立場に自分をおくようにする
　　④調査の目的を現場の人々に説明してメモをとることについての了解を得る

　①は、人々を警戒させることはないでしょうが、現場の人々に観察していることを伝えずに、隠れてメモをとるとしたら、倫理的に大きな問題があります。また、メモをとっていることが人々に知られたら、反感を買い、その後の調査に支障が出るでしょう。調査の同意を得ている場合に、現場を離れ、帰宅する途中や帰宅してからメモをとるというのであれば、研究倫理の点においても問題ないでしょう。

　②は、会議や講義など、メモをとることが自然な場面で、他の内容についてもメモをとるような場合です。この場合、メモをとることに対して人々が不審に思うことはありませんが、①と同様、人々に内緒でこそこそとメモを取るという点で、倫理的に問題があります。

　③は、記録係のように、様々な場面でメモをとったり写真を撮ったりすることが期待される役割を買って出ることです。あるいは、勉強熱心な学生としてメモをとることは、自然だとみなされることが多いです。私が小学校の教室で授業の様子を観察させていただいたとき、教師は子どもたちに「太田さんは、先生になる勉強をするために、授業を見に来ています。」と説明してくれました（もちろん、教師には調査の許可を得ています）。おかげで、子どもたちを不安にさせることなく、授業の様子をメモすることができました。

④は、研究倫理に適う形でしっかりとメモをとることが出来ます。「調査の目的や具体的な調査内容について折にふれて現地の人に説明するようにして、メモをとることがその目的にとっては不可欠な作業であることを理解してもら」います（佐藤、2002b、p.183）。そうすることによって、「かなり広範囲な対象について詳細なメモをとること」が可能になりますし、「メモにとったり最終的な報告書に盛り込むべき内容について」、現地の人々が指摘してくれたりする場合もあります（p.183）。

　④の形が最も理想的ですが、いつでもそのようにメモをとれるとは限りません。もちろん、研究倫理という点でも、調査を行うことに対して、事前に現地の人々の許可を得る必要はあります。しかし、許可を得ていたとしても、現場での日常的で自然な活動や相互作用を観察したい時、その場でメモをとることは得策ではありません。あるいは、その場で行われている活動に自分も参加しながら観察する場合には、メモを取ることは非常に難しいでしょう。例えば、保育の現場で、保育スタッフの一員として、目の前の子ども達と一緒に遊んでいる時には、その最中にメモを取ることはできません。その場でメモが取れない場合には、できるかぎり観察したこと、聞いたことを記憶しておき、その場を離れてメモをとることができる場所にいったら、すぐに書き留めるようにするしかありません。

　現場メモは、どうしても走り書きのようになります。観察したすべての事柄をメモすることは不可能です。現場メモは、後に清書版フィールドノーツを書く時に、記憶を補い、観察した状況を再構成するための手がかりとなるものです。ですから、自分にとって記憶しておくのが難しい事柄をメモするとよいでしょう。視覚的な情報を、まるで写真を撮ったかのように、正確に記憶するのが得意な人がいますが、そういう人は、人々の会話等の言語情報をできるだけ正確にメモします。逆に、言語情報は記憶しやすいのに視覚情報は記憶しにくいという人は、それを思い出す手がかりとなるようなメモをとります。例えば、空間の配置図をスケッチする、人々の様子をメモする、等です。文字だけでなく、絵を描くことも効果的でしょう。現場メモは、自分が分かればよいので、略記号などを使うこともできます。ただし、時間が経つと、何を書いたのか、自分でも思い出せなくなることが多々あるので、注意が必要です。

(5) 現場メモから清書版フィールドノーツへ——書くことの意味

　現場メモは、断片的な走り書きです。現場メモがあっても、時間が経てば経つほど、記憶はどんどん薄れていってしまいます。ですから、観察を終えたら**とにかくすぐに**、清書版フィールドノーツを書いてしまう必要があります。

　私は、観察を終えたら、フィールドの近くの喫茶店でフィールドノーツをつけていました。フィールドワークを行うと、非常にたくさんのことに意識を集中させるので、とても疲労します。私の場合、家に帰ってしまうと、ほっと一息つきたい、横になりたいという誘惑に負けそうなので、あえて公共の場でフィールドノーツをつけていました。

　観察をしたら、毎回、必ず、清書版フィールドノーツを書き上げる。これを続けることが、最も大切です。それにもかかわらず、確実に実行するには、非常に大きな意志の力が必要です。観察した時間の何倍もの時間が、清書版フィールドノーツを書くためにかかります。観察それ自体よりも、フィールドノーツを書くということの方が、フィールドワークの大部分を占めるといっても過言ではありません。しかし、この「書く」作業を通してこそ、観察した出来事や人々の経験の意味、そして自分自身が観察を通して経験したことをよりよく理解できるのです。

　具体的で詳細な清書版フィールドノーツを書くためには、出来事や人々をありのままに、よくよく「見る」必要があります。ですから、詳細に書こうとすることによって、自身の先入観で判断することを避け、現地の人々の視点に立って理解しようという姿勢ができていきます。また、観察の渦中で感じたことや疑問、解釈を、観察者のコメントとして、他の記述と区別して書き入れることによって、自分自身の認識の枠組みを自覚し、他の解釈の可能性にもオープンになることができます。

　このように、「フィールドワークにおいては、『体験すること』『見ること』『書くこと』という三つの作業のあいだに切っても切り離せない密接な関係」（佐藤、2002b、p.216）があります。そして、「書くという行為それ自体によって現地社会の人々が体験している意味の世界を追体験し共感的に理解」できた時、フィールドノーツは、「人びとの発言や行動の奥に幾重にも折り重なった生活と行為の文脈をときほぐし」、「行為の『意味』を解釈し」、それを豊かに記述していくことができるのです。（佐藤、2002b、pp.216-217）

【さらに学びたい人のために】

ヴァン=マーネン, J.（1999）『フィールドワークの物語―エスノグラフィーの文章作法』（森川渉訳）現代書館（原著は 1988）

エマーソン, R.、フレッツ, R.＆ショウ, L.（1998）（佐藤郁哉・好井裕明・山田富秋訳）『方法としてのフィールドノーツ―現地取材から物語作成まで』新曜社（原著は 1995）

鯨岡峻（2005）『エピソード記述入門―実践と質的研究のために』東京大学出版会

佐藤郁哉（1992）『ワードマップ　フィールドワーク―書を持って街へ出よう』新曜社

佐藤郁哉（2002b）『フィールドワークの技法―問いを育てる、仮説をきたえる』新曜社

柴山真琴（2006）『子どもエスノグラフィー入門―技法の基礎から活用まで』新曜社

好井裕明・桜井厚編（2000）『フィールドワークの経験』せりか書房

論文作成ワーク フィールドノーツを書こう

　実際に、観察を行い、フィールドノーツを作成してみましょう。そして、クラスメイトや仲間と、フィールドノーツを読み合い、話し合いましょう。

活動1　観察の計画を立てる

①自分の身近なフィールドで約15分程度の観察を行う想定で、計画を立てましょう。まず、観察を行うフィールドを決めましょう。
②①のフィールドで観察を行うにあたって、追究してみたい問いを立ててみましょう。また、その問いを細分化した小問も立てましょう。
③観察すべき要素を書き出しましょう。小問いをさらに細分化、具体化していくと、観察すべき要素が見えてくるはずです。クラスメイトや仲間と、他に観察すべき要素がないか、互いに検討しましょう。

活動2　観察を行う

　計画に従って、15分間の観察を行います。観察しながら可能であれば現場メモをとります。メモをとれない状況であれば、観察終了後、すぐメモします。現場メモをもとに、清書版フィールドノーツを書きます。

活動3　フィールドノーツをもとに話しあう

　フィールドノーツをもとに、次の点について、観察過程と観察結果を振り返りましょう。
（1）何に注目したか（観察の要素）
（2）どのように観察したか（観察者と被観察者の関係）
（3）印象に残った出来事や事柄は何か
（4）なぜそれが印象に残ったのか
（5）観察によって得た気づきや疑問は何か

(6) どのような問いが立てられそうか
(7) 問いに対する答えは出そうか

クラスメイトや仲間と、清書版フィールドノーツを交換して読み合います。読み手は書き手に対して、次の点を伝えましょう。
(1) 「鳥の目」の視点から、現場の状況やエピソードの流れを捉えることができたか。
(2) 「虫の目」の視点は十分か。記述の中で、もっと具体的に、詳細を書きこんだ方がよい点はあるか。あるとすれば、どこに、どのような情報を書きこむとよいか。
(3) 観察者の解釈や考察は十分か。見たままの単調な記録に終わっていないか。観察した出来事がどのような意味を持つのか、観察者の視点から解釈が加えられているか。
(4) 清書版フィールドノーツから、現場の生き生きとした情景が伝わるか。自分がその場にいるかのように、状況がイメージできるか。

どのような方法で研究の問いに答えるのか？
―研究方法を決める―

　第5章ではインタビュー、第6章では観察を取り上げ、それらを概観してきました。インタビュー、観察は、データ収集のための研究手法の中でも、代表的な手法です。他にも、様々な研究手法があります。また、同じインタビュー、観察を使っていても、どの研究方法論を用いるかによって、研究は大きく変わります。本章では、あなたの研究における方法を決め、研究方法を説明する章を書きましょう。

1. 興味ある研究方法論・研究手法を詳しく知る

活動1. あなたが興味を持っている研究方法論、研究手法（データ収集・データ分析）について、文献を読み、次の点をまとめましょう。
　(1) 選んだ方法論、あるいは手法は何か。
　(2) それはどのような方法論、あるいは手法か。目的、手続き、特徴は？
　(3) その方法論あるいは手法を用いた先行研究にはどのようなものがあるか。研究論文を3本以上読み、概要をまとめる。あなたの研究領域やテーマに関連する先行研究がよいが、なければ他領域の論文でもよい。
　(4) その方法論あるいは手法について、あなたはどのように評価するか。
　　　どのような研究に向いているか？　向いていない研究はあるか？
　　　強みは何か？　弱みは何か？　等

活動2. 活動1. の内容を、クラスメイトや仲間と報告し合いましょう。お互いの報告に対して、さらに知りたいことがあれば、質問し合いましょう。

活動3. クラスメイトや仲間が報告した研究方法論、研究手法の中で、あなたの研究の問いに合うものはありましたか。もしあれば、さらに詳しく調べてみましょう。

研究方法論・研究手法に関する解説書、入門書を、いくつか挙げます。ここに挙げた方法以外にも様々な方法があります。また、ここに挙げた解説書以外にも、数多くの書籍が刊行されています。書籍だけでなく、方法に関して議論している論文も多数あります。興味ある研究方法論・研究手法について、自分でさらに探究しましょう。

【ナラティヴ、ライフストーリー】

桜井厚（2002）『インタビューの社会学——ライフストーリーの聞き方』せりか書房

桜井厚（2012）『ライフストーリー論』弘文堂

桜井厚・石川良子編（2015）『ライフストーリー研究に何ができるか——対話的構築主義の批判的継承』新曜社

桜井厚・小林多寿子（2005）『ライフストーリー・インタビュー——質的研究入門』せりか書房

能智正博編（2006）『〈語り〉と出会う——質的研究の新たな展開に向けて』ミネルヴァ書房

野口裕二編（2009）『ナラティヴ・アプローチ』勁草書房

フォンタナ, A. & フレイ, J. H.（2006）「インタビュー——構造化された質問から交渉結果としてのテクストへ」N. K. デンジン & Y. S. リンカン編『質的研究ハンドブック 3 巻——質的研究資料の収集と解釈』（平山満義監訳、大谷尚・伊藤勇編訳）北大路書房（pp.41-68）（原著は 2000）

ブルーナー, J.（2007）『ストーリーの心理学——法・文学・生をむすぶ』（岡本夏木・吉村啓子・添田久美子訳）ミネルヴァ書房（原著は 2002）

ベルトー, D.（2003）『ライフストーリー——エスノ社会学的パースペクティブ』（小林多寿子訳）ミネルヴァ書房（原著は 1997）

ホルスタイン, J. & グブリアム, J.（2004）『アクティヴ・インタビュー——相互行為としての社会調査』（山田富秋・兼子一・倉石一郎・矢原隆行訳）せりか書房（原著は 1995）

三代純平編（2015）『日本語教育学としてのライフストーリー——語りを聞き、書くということ』くろしお出版

やまだようこ編（2000）『人生を物語る——生成のライフストーリー』ミネルヴァ

書房
やまだようこ編（2007）『質的心理学の方法―語りをきく』新曜社
Connelly, F. M., & Clandinin, D. J. (1988). *Teachers as curriculum planners: Narratives of experience*. Teachers College Press.
Clandinin, D. J. (2013). *Engaging in narrative inquiry*. Left Coast Press.
Riessman, C. K. (2008). *Narrative methods for human sciences*. Sage Publications.（リースマン，C. K.（2014）『人間科学のためのナラティヴ研究法』（大久保功子・宮坂道夫監訳）クオリティケア）

【エスノグラフィー、フィールドワーク、エピソード記述】

ヴァン＝マーネン，J.（1999）『フィールドワークの物語―エスノグラフィーの文章作法』（森川渉訳）現代書館（原著は1988）
エマーソン，R.、フレッツ，R. & ショウ，L.（1998）『方法としてのフィールドノート―現地取材から物語作成まで』（佐藤郁哉・好井裕明・山田富秋訳）新曜社
小田博志（2010）『エスノグラフィー入門―〈現場〉を質的研究する』春秋社
鯨岡峻（2005）『エピソード記述入門―実践と質的研究のために』東京大学出版会
佐藤郁哉（2002）『フィールドワークの技法―問いを育てる、仮説をきたえる』新曜社
佐藤郁哉（2006）『ワードマップ　フィールドワーク―書を持って街へ出よう（増訂版）』新曜社
柴山真琴（2006）『子どもエスノグラフィー入門―技法の基礎から活用まで』新曜社
藤田結子・北村文編（2013）『ワードマップ　現代エスノグラフィー―新しいフィールドワークの理論と実践』新曜社
箕浦康子編著（1999）『フィールドワークの技法と実際―マイクロ・エスノグラフィー入門』ミネルヴァ書房
好井裕明・桜井厚編（2000）『フィールドワークの経験』せりか書房

【ケース・スタディ】

メリアム，S. B.（2004）「第2章 質的調査法としてのケース・スタディ」『質的調査法入門―教育における調査法とケース・スタディ』（堀薫夫・久保真人・成島美弥訳）ミネルヴァ書房（原著は1998）（pp.37-64）

Creswell, J. W., & Poth, C. N. (2018). *Qualitative inquiry and research design: Choosing among five approaches* (4th ed., International student edition). Sage publications.

Stake, R. (1995). *The art of case study research.* Sage Publications.

Yin, R. K. (2014). *Case study research: Design and method* (5th ed.). Sage Publications.

【アクション・リサーチ、実践研究】

秋田喜代美（2005）「5章 学校でのアクション・リサーチ―学校との協働生成的研究」秋田喜代美・恒吉僚子・佐藤学編『教育研究のメソドロジー―学校参加型マインドへのいざない』東京大学出版会（pp.163-189）

ケミス，S.＆マクタガート，R.（2006）「第10章 参加型アクション・リサーチ」N. K. デンジン＆Y. S. リンカン編『質的研究ハンドブック2巻―質的研究の設計と戦略』（平山満義監訳、藤原顕編訳）北大路書房（原著は2000）（pp.229-264）

細川英雄・三代純平編（2014）『実践研究は何をめざすか―日本語教育における実践研究の意味と可能性』ココ出版

箕浦康子（2009）「第4章アクションリサーチ」箕浦康子編著『フィールドワークの技法と実際Ⅱ―分析・解釈編』ミネルヴァ書房（pp.53-72）

矢守克也（2010）『アクションリサーチ―実践する人間科学』新曜社

レヴィン，K.（2017）『社会的葛藤の解決と社会科学における場の理論1―社会的葛藤の解決』（末永俊郎訳）ちとせプレス（原著は1997）

Carr, W. & Kemmis, S. (1986). *Becoming critical: Education, knowledge and action research.* Deakin University Press.

【エスノメソドロジー】

ガーフィンケル，H. 他(1987)『エスノメソドロジー―社会学的思考の解体(新

装版）』（山田富秋・好井裕明・山崎敬一編訳）せりか書房
串田秀也・好井裕明編（2010）『エスノメソドロジーを学ぶ人のために』世界思想社
前田泰樹・水川喜文・岡田光弘編（2007）『ワードマップ　エスノメソドロジー―人びとの実践から学ぶ』新曜社

【談話分析、会話分析】
鈴木聡志（2007）『ワードマップ　会話分析・ディスコース分析―ことばの織りなす世界を読み解く』新曜社
中井陽子編著、大場美和子・寅丸真澄・増田将伸・宮﨑七湖・尹智鉉著（2017）『文献・インタビュー調査から学ぶ会話データ分析の広がりと軌跡―研究から実践まで』ナカニシヤ出版
林宅男編著（2008）『談話分析のアプローチ―理論と実践』研究社
フェアクラフ，N.（2012）『ディスコースを分析する―社会研究のためのテクスト分析』くろしお出版（原著は 2003）

【グラウンデッド・セオリー】
木下康仁（2014）『グラウンデッド・セオリー論』弘文堂
木下康仁（2007）『ライブ講義 M-GTA ―実践的質的研究法　修正版グラウンデッド・セオリー・アプローチのすべて』弘文堂
グレイザー，B. G. & ストラウス，A.（1996）『データ対話型理論の発見―調査からいかに理論をうみだすか』（後藤隆・大出春江・水野節夫訳）新曜社（原著は 1967）
コービン，J. & ストラウス，A.（2012）『質的研究の基礎―グラウンデッド・セオリーの開発の技法と手順（第 3 版）』（操華子・森岡崇訳）医学書院（原著は 2008）
戈木クレイグヒル滋子（2006）『ワードマップ　グラウンデッド・セオリー・アプローチ―理論を生みだすまで』新曜社
シャーマズ，K.（2006）『グラウンデッド・セオリーの構築―社会構成主義からの挑戦』（抱井尚子・末田清子監訳）ナカニシヤ出版（原著は 2006）
ストラウス，A. & コービン，J.（1999）『質的研究の基礎―グラウンデッド・

セオリーの技法と手順』（南裕子監訳、操華子・森岡崇・志目岐康子・竹崎久美子訳）医学書院（原著は 1990）

　研究方法論や研究手法に関する解説書や入門書を読んだだけでは、実際にどのように研究が行われ、どのような形で発表されるのか、十分には分かりません。そこで、必ず、あなたが興味を持っている方法論や手法を用いて行った研究の論文を読みましょう。その際、その論文の筆者が取っている立場は何か、問いは何か、具体的にどのような方法を用いてどのような研究を設計しているのか、なぜその方法をとったのか、どのように論文を記述しているか等を読み解きましょう。できるだけ、様々な立場の、様々なテーマの論文を読むことをお勧めします。
　共通の関心を持つクラスメイトや仲間と手分けして文献を読んでもよいでしょう。異なる研究方法論や研究手法をまとめたクラスメイトや仲間と、報告し合い、互いに学びましょう。

2. 研究方法を考える

> **活動 4.** あなたの研究の問いを追究するにあたって最も有効な研究方法はどのようなものでしょうか。あなたの研究で用いたい方法を考えて、クラスメイトや仲間に話しましょう。お互いの話を聞き合い、助言し合いましょう。

　研究方法を考えるにあたり、まずは、あなたの研究の問いを書き出してみましょう。そして、その問いを、より具体化した小問いに、細分化しましょう。その際、《誰（にとって）の》あるいは《何における》、《何に関する》、《何（行動、意識…）》を明らかにしたいのかを明確にしましょう。
　例えば、「子どもに対する日本語教育実践について」という漠然としたテーマでは、何をどう研究したいのか分かりません。子どもにとって日本語の授業がどのように受け止められているのかを追求することもできますし、教師がどのように日本語教育実践を行っているのか、あるいは認識しているのかを追求することもできます。《誰（にとって）の》あるいは《何における》、《何に関

する》、《何（行動、意識…）》を問うのかを、はっきりと示しましょう。

　細分化した小問いが明確になったら、次のことを考えます。それは、「それぞれの問いに答えるためには、《いつ》、《誰（何、どこ）を対象に》、《どのような手法（観察、インタビュー、文献研究、複数の手法の組み合わせ、等）で》、データを収集するのか」です。

　例えば、教師の実際の教育実践、つまり、行動を明らかにしたい時には、教室での参与観察を行うことが必要になるでしょう。一方、教育観、つまり意識を明らかにしたい場合は、インタビューを用いる必要が出てくるでしょう。意識と行動の関係を知りたいのであれば、観察とインタビューを組み合わせるでしょう。

　一つひとつの小問いに対する研究方法を考えたら、次の視点から検討します。「用いようと考えている手法によって、本当に問いに答えることができるのか。」です。例えば、教師の行動を問う問いを立てたのに、インタビューしか行わなければ、問いに対する答えが十分に得られるとは考えにくいですね（第5章、第6章参照）。一つひとつの小問いに対して、計画している研究方法で本当に答えられるのかどうか、厳しく点検します。クラスメイトや仲間にも、この視点から助言をもらいましょう。

　データ収集の方法を考えたら、今度は、「収集したデータの何に着目して分析するのか。」を考えます。「分析の観点」と呼ばれることもあります。分析の観点は、細分化した問いをさらに細分化することによって、明確になります。例えば、子どもに教える日本語教師の教育観を明らかにしたい場合、「教育観」を次のように細分化することによって、分析の観点が浮かび上がってきます。

例）子どもに教える日本語教師はどのような教育観を持っているか。
　（1）子どもについてどのような意識を持っているか。
　（2）言語・日本語についてどのような意識を持っているか。
　（3）教育についてどのような意識を持っているか。
　（4）自分の教育実践が根差す社会的文脈についてどのような意識を持っているか。
　……

　このように、小問いをさらに細分化して分析の観点を明確にしておくことによって、データの何に着目して分析を行えばよいかが分かります。データは集

めたが、どこからどう手をつけてよいのか分からず途方に暮れる…といった事態を避けることができます。

3. サンプリング

《いつ》、《誰（何、どこ）を対象に》、《どのような手法で》データを収集するか決めるとき、考えなければならないのは、どうやって研究対象となる人や活動や場所を選ぶのか、そして、どのくらいの数を対象とするのか、という問題でしょう。

これらの問いに対する答えは一つです。それは、「研究目的による」という答えです。目的に応じて、様々な方法から、あなたのやり方を選択します。

調査対象を選択する方法は、サンプリングと呼ばれています。サンプリングには、大きく分けて確率抽出法と非確率抽出法がありますが、質的研究では、統計的な意味での一般化を目指さないため、非確率抽出法が選ばれます。質的研究においてとられる非確率抽出法は、目的的サンプリングと呼ばれます。目的的サンプリングの根底には、「調査者は発見や理解や洞察を求めており、それゆえ最も多くを学びうるサンプルを選択せねばならないという考え方」があります。（メリアム、1998/2004、pp.89-90）

目的的サンプリングを行う際、「まず最初に、研究すべき人びとや場所を選択していくうえで肝要となる選択規準（criteria）を決定」（メリアム、1998/2004、p.91）します。論文の中では、この規準を提示するだけでなく、「なぜその規準が重要なのか」を説明する必要があります（メリアム、1998/2004、p.91）。

目的的サンプルには、様々なタイプがあります。その中でも、よく用いられるタイプには、次のようなものがあります。

(1) 典型的サンプル

典型的サンプルは、「関心対象の現象に関する、平均的な人間や状況や事例を反映しているから選ばれ」ます（メリアム、1998/2004、p.92）。

例えば、「オーストラリアの初等中等教育機関で日本語を教える教師の意味世界」が研究テーマだとします。もし、あなたが、典型的サンプルを選びたい

と考えるならば、「典型的」なオーストラリアの日本語教師像を特定し、その規準を明確にする必要があるでしょう。州、地域（都市か僻地か）、勤務形態、教えている子どもの教育段階、ジェンダー、年代、経験年数…。それぞれ多様であるだけに、「典型的」な日本語教師像を特定するのは難しそうです。研究対象とする範囲が広ければ広いほど、「典型的」な調査対象者像を描き出すのは、難しくなるでしょう。

(2) 独自的サンプル

　独自的サンプルは、「関心対象の現象の、独自で非典型的でまれな属性や出来事をもとに」しています（メリアム、1998/2004, p.92）。つまり、「それが独自的で非典型的であるがゆえに、関心が示され」ます（p.92）。例えば、オーストラリアにおける日本語教育を推進してきた著名な日本語教師は、独自的サンプルに当たります。

(3) 最大の多様性をもったサンプリング

　これは、ある現象に関するできるだけ幅広い、多様性をもった対象を選ぶサンプリングです。オーストラリアの日本語教師の場合ならば、州、地域（都市か僻地か）、勤務形態、教えている子どもの教育段階、ジェンダー、言語文化背景、年代、家族構成等、できるだけ異なる背景の人を選びます。こうすることで、多様な事例に共通する要素を捉えようとします。あるいは、オーストラリアの日本語教師の多様性を描き出すことができます。

(4) 便宜的サンプリング

　これは、調査者が持ちうる「時間や費用、地域、対象地や対象者への接近可能性などにもとづいて、サンプルを選択する」ものです。実際には、便宜的サンプリングをとる場合は多いのですが、当然、「特定の次元がほとんどいつもサンプル選択のなかに現れるので、この規準のみによるサンプル選択は、あまり信頼できるものとはならない」という欠点があります。（メリアム、1998/2004、p.93）

(5) 雪だるま式、連鎖的、ネットワークのタイプのサンプリング

これは、「各調査参加者やその集団に、別の参加者を紹介してもらう」方法で、目的的サンプリングの中では最も一般的な方法です（メリアム、1998/2004、p.93）。既に調査に協力してくれた人に、知人を紹介してもらいます。その人との個人的なつながりのある人を紹介してもらうので、どうしても何らかの偏りは生じるでしょう。例えば、ブリスベン市の20代女性の日本語教師は、ブリスベン市の20代女性の日本語教師の友人を紹介してくれる、という具合です。

(6) 理論的サンプリング

これは、他のタイプの「目的的サンプリングと同様のやり方で開始」しますが、どのような人、地域、活動を、何人、あるいはいくつ、対象とするのかは、調査を始める段階では決定しません。まず、「調査者は、調査上の問題とはっきり関連があるものとして選ばれた当初のサンプルから、調査を開始」します。そして、そのデータをもとにして、「読むべき次の文献やインタビューすべき次の人物など」を見出していきます。「創出されつつある理論によって導かれる発展的なプロセス」だからこそ、「『理論的』サンプリング」と呼ばれます。理論的サンプリングにおいて、「分析は、サンプルの決定やデータ収集と同時進行で行われ」ます。そして、「データが収集され理論的構築物ができあがりはじめると、調査者は、生成されつつある結果に対する例外的事例（ネガティブ・ケースの選択）や対立事例（対立ケースの選択）をも探し出そうとする」のです。（メリアム、1998/2004、p.94）

4. 誰を研究対象者とするのか

いずれの方法をとるとしても、誰かを研究対象として選択する時、同時に、別の誰かを研究対象から除外しているということを、自覚する必要があります。ホルスタインとグブリアム（1995/2004）は、次のように問題提起します。

> 回答者を選択する際の重要な問題は、もし私たちが人々をある特定のやり方で考えるときに、誰の声を聞き、誰の声を沈黙させるのかという問題である。この問題は方法論的なものではあるが、以下のような点で、理論と緊密に結びつ

いている。すなわちこの問題によって、回答者として可能性のある人々を同定するために使用されるカテゴリーや語彙を批判的に分析しなければならなくなるからだ。(ホルスタイン&グブリアム、1995/2004、pp.73-74)

　例えば、「典型的サンプル」として選択する人をどのように選ぶでしょうか。「典型的」ではないとして「沈黙させ」た人はどのような人でしょうか。「典型的」だと判断する規準は、どのような立場から決めた規準でしょうか。

　仮に、「日本人は」で始まる問いを立てた場合、典型的な「日本人」の規準をどう設定するのでしょうか。年代、性別、地域、職業、学歴等の「平均」を取るのでしょうか。その「日本人」には、LGBTの人や、在日外国人、被差別部落出身の人は、入るのでしょうか。典型的な「日本人」を選ぶ時、あなたは同時に、典型的ではない「日本人」とは誰かについての立場を表明することになります。だからこそ、ホルスタインとグブリアムがいうように、誰を研究対象とするのかを選択する際、「回答者として可能性のある人々を同定するために使用されるカテゴリーや語彙を批判的に分析しなければならなくなる」のです。

5. サンプルの数は？

　質的研究において、サンプルの数はいくつであれば十分なのでしょうか。つまり、何人にインタビューをし、何カ所の現場を訪れ、どのくらいの文献をカバーすればよいのでしょうか。これは特に初めて質的研究を行う人が頭を悩ませる疑問です。この疑問に対して、メリアム (1998/2004) は次のように答えています。

　　不幸にも、あいまいさへの寛容度の低い者にとっては、そこに答えはないのである。それはつねに、たずねられる質問や収集されるデータや進行中の分析や研究をサポートする情報源しだいなのである。必要とされるのは、研究の最初に提示された（調査目的という形態の）問いかけに答えるのにふさわしいだけの数の、対象者や対象地や活動なのである。(p.95)

　では、研究の問いに「答えるのにふさわしいだけの数」とはどのくらいなのでしょうか。それもやはり、研究の目的によります。

　複数の事例をつらぬくような、理論の構築を目指す場合、「理論的飽和」が

第7章 ● どのような方法で研究の問いに答えるのか？　133

目指されます。つまり、調査を続けても「新しい情報が出てこなくなり、可能性があると思われる状況のほとんどを説明でき」、「他のカテゴリーやサブカテゴリーとの関係」を「詳細に把握でき」、「大多数の事例の示すものだけではなく、少数派の状況も説明できる理論が完成できている」状態です（戈木、2006、p.41）。このような状態になった時に、十分な事例が集まったと判断します。

「理論的飽和」に達することは目標ですが、現実的には達することができない場合も多々あるでしょう。時間が足りなくなってしまったり、研究資金が不足してしまったりして、調査を続けられない場合等です。そのような場合には、「『理論的飽和に至った』と虚偽の記述をするよりは」、また「いつまでも悩んでいるよりは、研究の限界として不足している部分を明記して報告することのほうが現実的な対応」であり、「まともな姿勢」だと、戈木は指摘します。また、自分では「理論的飽和に至った」と思っても、後になって、自分の理論では説明できない事例に出会い、理論的飽和にはたどり着いていなかったことを悟ることもあるのです。（戈木、2006、pp.143-144）

一方、個別の事例を深く理解し、記述することを目的として、単一の事例を対象とする研究もあります。このような研究を、ステイク（2000/2006）は、「個性探究的な事例研究」と呼び、「その事例が、他の諸事例を代表しているとか、それが特徴的な兆候や問題を示しているからではなく、事例そのものが、その固有性と常態において関心をもたれているがゆえに、研究が着手される」と述べます（p.103）。このような場合、複数の事例に共通する理論を創出することよりも、固有の事例について、その複雑な文脈を丁寧に描き、そこで起きている具体的で個別的な出来事や人びとについて、生き生きと記述することが目指されます。二つ、あるいは少数の事例を比較する事例研究においても、個々の事例の詳細な記述、解釈がもとになります。

研究対象の数も、あなた自身の研究の目的は何か、そしてあなたがどのような立場に立つのかによって決まってくるのです。

論文作成ワーク　研究方法章を書こう

> **問 1.** 研究方法章には、何を書いたらよいでしょうか。
>
> **問 2.** 研究方法章は、どのように書いたらよいでしょうか。

1 研究方法章に書く内容と構成

　研究方法章には、何をどのように書いたらよいでしょうか。佐渡島・吉野（2008）は、一般的な研究方法章の書き方として、次のような内容と構成を示しています。

第 1 節　研究方法概要
　①大まかな研究の方法を一段落か二段落で説明する。手法、研究対象と規模、手順などの概要を示す。
　②その手法や対象や手順が、研究目的を推敲するためになぜ適切かを簡単に説明する。
第 2 節　研究対象…以下のうち適切なことがらを取り上げて説明する。
　①誰（人、機関、地域）を対象とするか。
　　研究に参加する人、機関、地域がどのようなものであるかを具体的に詳しく記す。
　②研究対象の範囲を示す必要があれば範囲を断る。
　③その研究対象でなくてはならないこと（必然性）を示す。
第 3 節　研究過程（「研究過程」を「データ収集」と「データ分析」とに分けて書いてもよい。）
データ収集
　①何月何日何時に調査するかを具体的に書く。時、期間が適切であると説明する。
　②何をどのようにするのかの全体の流れを具体的に書く。
　　予め定められている場合のインタビュー質問も書く。「資料」として添付し

> 　　③注意すべき点などを書く。
> データ分析
> 　　①収集したデータをどのように整理し、どのように分析するかを示す。

(pp.201-202)

　研究方法章には、研究倫理に関する手続きを明記するようにしましょう（研究倫理に関する詳しい議論は、第8章を参照）。例えば、個人名や機関名、地域名を仮名や記号にしたのであれば、そのように断ります。また、研究を開始するにあたって、研究倫理に関するどのような内容をどのように説明したのか、どのように同意を得たのかも記述しておくとよいでしょう。さらに、データ分析の過程、あるいは原稿作成の段階で、調査協力者に確認やコメントをお願いしたのであればその旨を明記します。

　こうした内容は、「研究倫理」という節を立ててまとめて記述してもよいですし、個々の該当する節に分けて記述してもよいでしょう。例えば、個人名や機関名、地域名を仮名にしたという説明は「研究対象」に、研究開始にあたっての手続きは「データ収集」に、分析結果や原稿に対する調査協力者の確認、コメントに関しては「データ分析」に書く、といった具合です。

2 具体的、明確に記述する

　研究方法章は、具体的かつ明確に記述するように心がけます。例えば、「分析する」と書いただけでは、何をどうしたのか分かりません。データのどの部分を（あるいは全体を）、どのような観点で、どのような手順で、どのような作業を行ったのか、具体的に書きましょう。「インタビューする」という表現も、どのような場所、状況で、どのような構造化の度合いで、どのような質問を投げかけたのか等、具体的に記述します。他にも、「明らかにする」「考察する」「検討する」「分類する」「調査する」等の表現では、何をどうしたのか分かりません。別の表現で、具体的に説明しましょう。また、「『など』、『〜程度』、『〜以上』、『〜を中心に』、『や』」等の、「特定を避けた、曖昧な表現もしないように」しましょう（佐渡島・吉野、2008、p.202）。

研究方法章を具体的かつ明確に書くのは、あなたの研究が信用に値し、研究結果が妥当であることを、読者に伝えるためです。具体的かつ明確に研究方法を記述することによって、あなたの論文を読んだ別の研究者が、あなたが採用したのと同様の方法で調査を行うことができます。もちろん、研究対象となる人やフィールドが異なるので、全く同じ結果が得られるわけではありません。しかし、他者が同じ方法を用いて、調査を再現することができれば、あなたの研究結果の妥当性を、他者が評価することができます。そのための道筋を示しておくことによって、あなたの研究は十分に透明化されており、信用に値すると、評価できるのです。ですから、研究方法章を書き上げたら、あなたの研究を再現しようとした他者が、確実に、同じ手続きを踏めるかどうかという視点で、自分の説明を点検するとよいでしょう。

3 研究方法章を書いて評価する

> **活動5.** あなたの研究の方法を説明する章を書きましょう。
>
> **活動6.** あなたの研究方法章を、次の評価シートの観点から評価しましょう。できていない点があれば、修正します。また、クラスメイトや仲間と、次の評価シートを用いて、お互いの研究方法章に助言をし合いましょう。

表6 研究方法章評価シート

_____さんの研究方法章

評価者：_____

観点	評価 (〇・△・×)
研究目的を遂行するために適切な研究方法がとられているか。	
・書かれた研究方法に沿って研究を実行することで、問いに対する答えは出そうか。	
・一つひとつの細分化された問いに対応する研究方法が、過不足なく計画されているか。	
・計画している研究方法が具体的かつ明確に説明されているか。 　例）研究対象は何（誰）か、いくつ（何人）か、研究期間はいつからいつまでか、どのようにデータを収集するのか、収集したデータをどのように分析するのか、調査を行う上で研究倫理をどのように守るか、等	
・研究計画は実行可能そうか。	
・先行研究によって確立された研究方法を援用する場合は、先行研究を用いてその方法について、説明しているか。	
・記述の仕方は分かりやすいか。	

調査を始める前に知るべきこと
―研究倫理、調査協力の依頼、調査協力者との関係―

　研究方法を決めたら、いよいよ調査を始めます。しかし、その前に、知っておくべき大切なことが三つあります。一つ目は、研究倫理です。二つ目は、研究対象となる人々にどうアクセスするかです。そして、三つ目は、調査の現場において、人々とどのような関係を築くかです。質的研究では、人と人とが出会い、関係を築きながら調査を行います。その過程においてどのような問題が生じ得るのか、どのような点に留意したらよいのかを、本章では考えます。論文作成ワークでは、研究対象となる人々に対する「研究協力依頼書」と、「研究倫理遵守に関する誓約書」、「研究協力同意書」を作成します。

1. 研究倫理

　質的研究に限らず、どのような研究においても、研究倫理を守り、研究対象となる人びとの人権を守ることは、徹底されなければなりません。
　学部生であっても、大学院生であっても、経験を積んだ研究者であっても、自分が行う調査や、その結果を発表した著作によって、研究に協力してくれた人びとに不利益をもたらす可能性があるということを、まずは肝に銘じる必要があります。研究に協力することは、好意に基づくボランティアです。時間とエネルギーを割いてまで研究に協力してくれた人々に、あなたの研究が、精神的、身体的、社会的、経済的な不利益を与えてしまうようなことは、あってはなりません。調査協力者の人権を守ることは、研究倫理の最も重要なポイントの一つです。

> 問1. 質的研究において、研究倫理に関わる問題は、いつ生じるでしょうか。
> 問2. 質的研究において、どのような倫理上の問題が生じ得るでしょうか。また、そのような問題に対して、調査者はどのような点に留意すべきでしょうか。

2. 質的研究に関わる倫理上の問題と留意点

　質的研究において、倫理上の問題は、調査を行う時、分析する時、研究結果を公表する時に起こります。それぞれの時に起こる倫理上の問題を考えた上で、それらの問題に対して、調査者が留意すべき点を考えましょう。

(1) 調査を行う時

　まず、調査を行う時に生じる倫理上の問題を考えてみましょう。

　インタビューの場合、調査者の質問を受けて調査協力者が自身の経験や感情を語ること自体が、調査協力者に心理的苦痛を与える場合があります。

　例えば、インタビューを受けた調査協力者が、過去のつらい経験や恐怖体験を語る時、その時の感情をまざまざと思い出すことによって、不安定になったり、パニックになったりするかもしれません。あるいは、プライバシーに関わることを、根ほり葉ほり質問され、不快に思うこともあるでしょう。

　観察の場合も、調査者が身辺をうろついて、何かを観察していることを、不審に思ったり、不愉快に感じたりする調査協力者もいるでしょう。不本意ながら調査に協力している場合は特に、調査者が行う調査という行為そのものが、調査協力者に心理的苦痛を与える可能性があります。

　調査協力者が、特定の人物や機関から身を隠している場合には、調査の過程において、調査協力者の所在が第三者に知れないように、細心の注意を払う必要があります。

　こうした問題に対し、調査者は、どのような点に留意すべきでしょうか。

　まず、調査を始める前に、調査の目的や、調査に協力することで起こりうるリスクをしっかりと説明し、十分な理解にもとづいて調査への協力を承諾してもらう必要があります。少なくとも、調査への協力を依頼する際、次の事柄を説明しましょう。

①調査の概要…調査目的、調査方法、調査にかかる時間、回数、謝礼の有無と内容等。
②調査協力者のプライバシーを守るために調査者が講じる方策とその限界。
③調査に協力することで起こりうる危険と利益。
④調査結果を公表する形態、媒体、時期と、公表に先立つ原稿確認のお願い。
⑤調査への協力は任意であり、いつでも参加を辞退することができること。調査への協力を辞退しても、参加者に対して何の不利益も生じないこと。
⑥調査者の名前、所属、連絡先。

これらの内容を、文書で用意するとともに、口頭で説明します。そして、説明を理解した上で、調査への協力に同意してもらうようにしましょう（「研究協力依頼書」、「研究倫理遵守に関する誓約書」、「研究協力同意書」の例は、本章の「論文作成ワーク」を参照）。

調査への協力によって、調査協力者が心理的苦痛を受けることが予測される場合は、その可能性を十分に説明した上で、専門機関を紹介できるように準備しておくことも必要になります。例えば、日本でドメスティック・バイオレンス調査を行った「シェルター・DV問題調査研究会議」（2000）は、調査協力者の身体的、心理的安全を守るために、次のような対策をとっています（桜井、2002、pp.87-89）。

①参加者の安全の最優先—調査に参加した女性に、それを知った夫や恋人からの暴力が激化することを懸念して、コンタクトをとる際やインタビューの場の設定などに配慮することや不測の事態に備える対処策を用意することが述べられている。(p.87)

⑤調査協力に伴う悪影響の可能性についての事前説明とアフターケア—調査によって引き起こされる可能性のある危険性や心理的苦痛について、参加者に事前に説明することが不可欠であるとともに、調査終了後にも感情が高ぶり不安定な心理状態に陥る可能性があることを伝えて、参加者がパニックにならないように配慮すること。公的相談窓口や民間団体（NPO）の相談窓口やシェルターなどの情報を提供することや、調査の場において苦痛を感じた参加者にカウンセラーなどの手配をして苦痛緩和の方策を提供することも必要であるとして、細心の注意が払われている。(pp.88-89)

他にも、テーマによっては、特別な配慮を必要とする場合があります。調査者と調査協力者が利害関係にあるような場合には、特に注意が必要です。

例えば、調査者が教師で、自分が指導している学生に調査への協力を依頼する場合を考えてみましょう。調査への協力は任意であることを説明したとしても、学生は、調査への協力を辞退すれば自身への評価が下がるのではないかと恐れ、不本意ながらも調査に協力することは大いに考えられます。

調査者と調査協力者が利害関係にあるような場合は、できるだけ避けた方が望ましいです。しかし、実践研究、アクション・リサーチ、授業研究等、自身の実践を研究対象とする場合もあります。そのような場合には、調査への協力の有無は評価等には一切関係がないこと、調査への協力は全く自由であること、調査への協力を一度承諾したとしてもいつでも辞退できることなどを、繰り返し説明した上で、調査協力の同意を得るようにしましょう。

(2) 調査結果を分析する時

調査結果を分析する時にも、倫理上の問題は起こります。

まず、データの管理において問題が起こり得ます。質的研究で得られるデータは、個人情報を多分に含みます。そのようなデータをずさんに管理していると、データを流出させてしまったり、盗難にあってしまったりする可能性が高まります。調査協力者の個人情報を含む電子ファイルは暗号化する、紙媒体の資料は鍵付きのキャビネットに保管する、分析用のデータでは、調査協力者の名前、所属名、地域名等を仮名に変えておく等、細心の注意を払いましょう。

また、調査者自身が調査を通して得た個人情報についての秘密を厳守することは、調査者にとって最も基本的で重要な義務です。調査協力者に関する情報を、調査協力者の関係者に無断で手渡したり話したりすることはもちろん、調査協力者と直接関わりのない、調査者の友人に話すことも、守秘義務に反します。

他にも、調査者がデータの解釈に偏見を持ち込んでしまうという問題も考えられます。調査者が、ある特定の調査協力者に対して否定的な見方を持っていると、その見方を支持するようなデータばかりを強調してしまうかもしれません。しかも、調査者本人がそれを自覚するのは難しいと考えられます。私自身の苦い経験（第1章参照）も、これに当たります。

このような、データ分析における偏見を完全に排除することは困難ですが、

対策はあります。例えば、トライアンギュレーションによって、多角的にデータを収集し、分析することです。また、自身の分析結果を、調査協力者に確認してもらい、調査協力者の発言や行動、意図を曲解していないか確かめることです。あるいは、分析結果を、研究者仲間に見せ、データと分析結果の間に乖離や曲解があれば指摘してもらうことです。原稿作成時には、自身の立場を明示し、調査者が持ち込みうる偏見の可能性を明らかにすることや、論文の読者が解釈できるよう、データを豊富に記述しておくことも有効です。こうすることによって、研究倫理を守り、かつ、質的研究の質を高めていくことができます（詳しくは、第11章参照）。

　質的研究に限らず、データを捏造、あるいは改ざんすることは、重大な研究倫理違反です。捏造は、「存在しないデータ、研究結果等を作成すること」、改ざんは、「研究資料・機器・過程を変更する操作を行い、データ、研究活動によって得られた結果等を真正でないものに加工すること」と定義されています（文部科学省）。収集したデータから十分な結論を導けないからといって存在しないデータを捏造したり、自分の主張を打ち消すような調査協力者の発言や観察記録の内容を改ざんしたりすることは、決して行ってはなりません。

(3) 研究結果を公表する時

　研究成果を公表する時には、重大な倫理上の問題がしばしば生じます。

　仮名を使っていたとしても、調査協力者が誰であるかを特定できてしまい、その結果、調査協力者に不利益が生じる可能性があります。どんなに個人情報を伏せようとしていても、調査協力者を知っている人が論文を読めば、調査協力者が誰かを容易に特定できてしまうかもしれません。特に、あるグループ内の複数のメンバーが調査に参加した場合、一人ひとりの調査協力者について詳細に記述すればするほど、誰が誰かを簡単に特定できてしまうでしょう。仮に、ある調査協力者が調査者に対して語った、グループの状況に関する否定的な考えや、他のメンバーには話していなかった自身の秘密が公開されたとします。その場合、その調査協力者が、他のメンバーから非難されたり、嫌がらせを受けたりするかもしれません。職業上のグループであれば、周囲からの評価が下がったり、ひどい場合には解雇されたりすることもあり得ます。

　また、仮に調査協力者が誰か特定できなかったとしても、公開された論文等

で、自身についての記述を読んだ調査協力者が、自分が誰かを特定されることを懸念して、論文の取り消しを求めることがあるかもしれません。桜井（2002）では、研究成果が著書として公刊された後に、それを読んだ調査協力者が、自分の息子について語った箇所を削除してほしいと願い出たため、著書を回収した経験が述べられています。

他にも、公開された論文を読んで、調査協力者が傷ついたり、憤ったりすることもあるかもしれません。「私が話した意図と違う解釈をしている！」「オフレコにしてほしかった情報を勝手に公表してしまっている！」「私の発言や行動のごく一部を取り上げて、私を批判している！」といった理由が考えられます。

上述のような、調査協力者に関わる倫理上の問題は、調査者の側で最大限注意を払うとともに、調査協力者の確認をこまめに取ることで、防ぐことができます。

調査者の側では、論文において個人が特定されないように、次のような工夫をします。調査協力者の本名は公表せず、仮名にします。その際、個人が特定されうるイニシャルは用いないようにしましょう。仮名を付ける際も、本名が想起されるような仮名は避けましょう。調査協力者が所属する機関名も仮名にします。また、調査を行った地域の名称も、仮名にします。

例えば、「東京都新宿区における、外国人児童生徒が多数在籍する小学校でフィールドワークを行った。」と書くと、どの小学校のことか特定できてしまいます。「関東における外国人集住都市の」とすると、もう少し範囲が広まりますが、それでも該当する都市は限定されます。「関東」といった地域名も伏せたほうが安全かもしれません。ただし、単に「ある小学校」としてしまっては、フィールドの背景が伝わらなくなってしまいます。

調査者側で注意を払うとともに、調査協力者自身に、どこまで背景となる情報を出してもよいか、研究結果を公表する前に、確認しておくとよいでしょう。

個人名や所属、地域に関わる記述だけでなく、論文全体の中で、個人が特定されうる記述がないか、公表してほしくない情報が書かれていないか、本人の意図とは異なる記述がされていないか等についても、研究成果を公表する前に、調査協力者に、確認してもらいましょう。

私は、インタビューの場合、文字起こしした原稿をまず調査協力者に送り、

確認していただくようにしています。その時は、事実と異なることが書かれていないか、特に聞き間違いや表記の間違いがないかを確認してもらうとともに、削除したい箇所や修正したい箇所があれば指摘してもらっています。また、論文の草稿を書き上げた時点で、再度、確認をお願いします。その際は、事実と異なることが書かれていないか、公表してほしくない内容が書かれていないか、個人が特定される心配のある記述が残っていないか等を確認してもらいます。また、発言した内容に対する私の解釈も含めて読んでもらい、調査協力者の発言や意図を曲解していないかについても、コメントをもらうようにします。

このように、早い段階で一度、論文草稿の段階で一度、調査協力者に確認してもらうことによって、調査協力者が望まないプライバシーを公表することや、調査者の偏見に基づく分析をある程度防ぐことができます。可能であれば、分析の過程で、調査協力者と調査者が、研究結果の解釈について話し合う機会を設けると、さらに理想的です。初めから、協働的な研究をデザインすれば、研究目的や方法から、研究対象となる人々の視点に根差した研究になるでしょう。

3. 大学における研究倫理ガイドライン

日本において、研究倫理ガイドラインを明示する大学は増えています。研究倫理委員会が研究計画を承認しなければ、調査を開始できないという機関もあります[1]。今後そのような機関はますます増えていくと予測できます。あなたの大学や学部・研究科では、研究倫理に関するガイドラインがありますか。調べてみてください。

---

1) 例えば、早稲田大学大学院日本語教育研究科・日本語教育研究センターは、日本語教育に関する研究調査について、「研究調査倫理ガイドライン」を策定しています。当研究科・センターに所属する大学院生と教員は、調査を開始する前に、研究調査倫理審査に申請し、承認を受けなければなりません。詳しくは早稲田大学大学院日本語教育研究科ウェブサイト「研究調査倫理に関する手続き」を参照。https://www.waseda.jp/fire/gsjal/student/certificate/procedure/

4. 調査者自身の判断が求められる倫理上の問題

　既に述べてきた問題の他にも、質的研究の過程で調査者は、様々な倫理上の問題に直面する可能性があります。「正解」が存在しない問題も多々あります。

　例えば、学校での参与観察を行っている中で、観察対象の生徒が他の生徒をいじめている現場に立ち会ってしまったらどうすべきでしょうか。いじめをやめるように注意するでしょうか。あるいは、観察対象の生徒との関係が悪化することを恐れて、見て見ぬふりをするでしょうか。はたまた、生徒の生きた姿を描く格好の材料だと考えて、いじめの一部始終を観察するでしょうか。

　あるいは、観察対象の企業で、不正の事実を知ってしまったらどうでしょうか。守秘義務にあたるとして、胸の内に収めておきますか。得難い内部情報として、公表しますか。はたまた、公的機関に通報しますか。

　参与観察している現場で親しくなった人が、あなたが対立する派閥のメンバーに近づくことを快く思わなかったとしたらどうでしょうか。せっかく築いた信頼を失わないために、その人の派閥のメンバーのみを対象に調査を続けますか。あるいはその人に隠れて、対立する派閥にも近づこうとしますか。はたまた、どちらの派閥からも距離を置きますか。

　また、ある教師の、実践上の工夫や洞察を、観察とインタビューによって描き出す論文を書いた場合、その論文の著者は誰なのでしょうか。もちろん、論文を書いたのは調査者です。しかし、論文の中で考察している工夫や洞察は、調査に協力した教師のものです。そのような場合、どうしますか。初めからその教師と協働研究を行い、その教師も著者として実名を出すのが、理想的でしょう。しかし、その教師の実名と所属を出すと、論文の中で記述した生徒が誰か、特定できてしまうリスクは高まります。

　このように、質的研究を行う過程で、調査者は、様々な「正解」のない倫理上の問題に直面します。研究倫理に関するガイドラインをもとに事前に準備をしておくことはできますが、実際の倫理上の問題に直面した時には、「調査者一人ひとりの価値観と倫理観」（メリアム、1994/2004、p.318）に基づいて判断し、解決していかなければならないのです。

> **活動 1.** あなたの研究計画において、どのような倫理上の問題が生じ得るでしょうか。また、どのような点に留意して研究を行う必要があるでしょうか。できるだけ多角的に、様々な可能性を考え、クラスメイトや仲間に話しましょう。気づいていない留意点があれば、お互いに指摘し合いましょう。

5. 調査への協力を依頼する

研究方法が決まり、倫理上の留意点を理解したら、いよいよ調査を始める準備をしましょう。研究対象となる人々に、調査への協力を依頼します。

> **問 3.** 調査を始める前に行うべき手続きとして、次の四つは適切でしょうか。また、なぜそのように考えますか。クラスメイトや仲間と話し合いましょう。
> (1) インタビューや観察の対象となる人に、直接調査への協力を依頼し、日程を調整する。
> (2) 調査に先立ち、調査対象となる人に、自分の研究の目的、方法、インタビューの質問項目、謝礼の有無等を、できるだけ具体的に、詳細に説明する文書を渡す。
> (3) 調査の前に、研究倫理に関する説明をする。そのうえで、調査への協力に同意してもらえたら、「研究協力同意書」にサインしてもらう。
> (4) 調査者の先入観を排除するために、研究対象となる人々や現場に関する下調べは、あえてしない。

(1) 誰に調査協力を依頼するか

問 3. (1) はどうでしょうか。既に調査対象となる人と知り合いで、その人に単独インタビューをしたい場合には、多くの場合、直接調査協力を依頼すればよいでしょう。ただし、相手が未成年の場合には、保護者に許可を得たうえで、本人に調査協力を申し込む必要があります。

一方、次のような場合、調査対象者個人に、直接調査への協力を依頼するのはどうでしょうか。

①ある集団について調べたい場合、その集団に属する知人に直接申し込む。

②ある集団について調べたいが、その集団に知人がいない場合。
③研究対象としたい属性の人に知り合いがいない場合。

①の場合、直接知人に調査を申し込んだとしても、知人が属する集団のしかるべき人に、話を通しておいた方がよいでしょう。②、③の場合は、知り合いがいないので、直接、研究対象となる人々に調査への協力を依頼することができません。そのような場合には、しかるべき人に調査への協力を依頼し、研究対象に合う人を紹介してもらう必要があります。

では、「しかるべき人」とは誰でしょうか。佐藤（2002b）は、次のように述べます。

> それぞれの社会にはたいていの場合、外部からやってきた調査者の人柄や調査目的を値踏みし調査や取材の可否について判断し決定する権限と責任をもつ門番のような役割を担う人が存在します。そういう人のことをよくゲートキーパーと呼びます。ゲートキーパーは、一人であるとは限りません。（中略）したがって、いったん調査を始めた後でも〈誰と誰に、どのようなルートを通じて「話を通して」おけばいいのか〉という点については、よほど注意して見きわめていく必要があります。(p.36)

佐藤が言うように、誰が「ゲートキーパー」なのか、そして「〈誰と誰に、どのようなルートを通じて「話を通して」おけばいいのか〉」を見きわめて、調査を依頼することが大切です。

例えば、小学校や中学校の生徒に対して、教室内で調査を行いたい場合、最初のゲートキーパーは、学校の管理職（校長、副校長等）になるでしょう。ここで許可を得られてから、調査してよい学年、クラスの担任教師を指定されるでしょう。そして、担任教師に具体的な調査目的、方法等を説明し、了解を得てから、生徒の保護者に対して了解を得ます。さらに、保護者が調査協力を認めた子どもの中で、調査への参加を希望する生徒だけを対象に、調査を行うことができます。

企業の場合は、総務や渉外担当の窓口が最初のゲートキーパーになるでしょうが、実際に調査への許可を出すのは、調査対象となる部門の責任者でしょう。責任者の許可を得た上で、調査対象となる人を紹介してもらいます。その上で、その人本人にも、調査への協力を同意してもらってから調査を始めることができます。

(2) 調査の前に何を説明するか──研究協力依頼書

問 3. (2) は、調査の前に説明すべき事柄に関する問いです。調査を始める前に、誰に対して、何を、どこまで詳しく説明すべきでしょうか。

佐藤（2002a）は、研究対象となる人々に調査協力を依頼する際、少なくとも、次のような項目を説明できるようにしておくよう助言しています。

- 調査の目的
- 具体的な調査項目
- 調査方法
- 調査期間（時間）の目安と具体的なスケジュールの概略
- 最終的な報告書の体裁および発表媒体についての予定（p.257）

このような説明を通して、「ゲートキーパーに対してだけに限らず、現場調査をおこなう場合には、自分の身分や立場とこれから自分がおこなおうとしている調査の概要について、相手がある程度理解し納得できる」ようにする必要があります（佐藤、2002a、p.258）。

ただ、どこまで詳しく説明するかは、調査対象とする現場によって異なります。

小池（2000）は、企業を対象に調査への協力を依頼する場合、調査計画を、詳細かつ具体的に、丁寧に説明した手紙を書くことが、「企業の承諾を得る正道」（p.57）だと述べます。「企業にとっては外部からの調査の申し込みは、迷惑そのもの」であり、「その迷惑さをのりこえる」ために、次のように手紙を書くのです（p.59）。

> 調査者が努力できるのは自分の真剣さをしめすことにかぎられ、結局は調査計画の内容そのもので迫るほかなかろう。いかに真剣に準備したか、またこの問題に取り組むと、社会にとってどのような意義があるか、貴社の話を聞けないと、その意義がどれほど減殺されるか、という説明である。なにを、だれに、どれほど話を聞きたいのか、それを具体的にこまかく書いた手紙を企業に送るのである。その際、いそがしい企業人のために、短い要約をもちろん添える。企業内で上司の承認をとるときに効果があるように書く。／その際、当方の履歴をしめす文書もつけておく。自己紹介をきちんとしておく。さらに先方の宛先を固有名詞で書く。（中略）こうしたことはささやかなようでも、肝要なことと考える。(p.60)

小池（2000、pp.83-88）には、知人のいない企業に研究協力を依頼する時に送った手紙の例が掲載されていますが、一部省略されていても、6ページにもわたっています。企業に限らず、学校や役所、NPO法人等の機関に対して協力を依頼する場合にも、小池が言うように、丁寧で具体的な手紙を用意することは効果的だと考えられます。ぜひ、参考にしてみてください。
　一方、個人を対象に調査への協力を依頼する場合、あまりにも詳細で長い手紙を送ることは、かえって相手の負担になる場合もあります。そのような場合には、佐藤（2002a）が言うように、A4サイズ1～2枚を目安に、簡潔に、分かりやすい言葉で書いた文書を用意するほうが効果的でしょう。

(3) 研究倫理遵守に関する誓約書と研究協力同意書

　調査への協力を承諾してもらえたら、研究倫理に関する説明をしましょう。本章2.(1)①～⑥で示した内容を、調査協力者に対して丁寧に説明します。研究倫理に関する誓約事項を説明した文書（「研究倫理遵守に関する誓約書」）も用意し、その内容を調査者と調査協力者が一緒に確認するようにします。その内容を了解してもらえたら、「研究協力同意書」にサインをしてもらいます。「研究倫理遵守に関する誓約書」と「研究協力同意書」は、調査協力者と調査者が1部ずつ保管できるように、2部ずつ作成し、両方にサインしてもらいます。
　この「研究倫理遵守に関する誓約書」は、**調査者が**、調査協力者に対して、研究倫理に関するこれこれの事柄を守ります、と「誓約」するものです。調査協力者の側は「研究協力同意書」にサインしますが、それは、調査者側が行った研究目的、方法や研究倫理に関する説明を理解した上で、調査協力を承諾します、という意味です。調査への協力を「誓約」するものではありません。前節で述べたように、調査への協力を承諾したとしても、いつでも協力を辞退することができるのです。そして、そのことも、「研究倫理遵守に関する誓約書」に明記します。ですから、調査者は、「研究協力同意書」のサインを理由に、調査協力者が調査協力を辞退することを引きとめたり、咎めたりすることは、決してしてはなりません。

(4) 調査を行う前の下準備

　問3. (4)はいかがでしょうか。何も下調べをせずに調査を開始したのでは、

現場において何が重要なのか、つまり、何を観察し、何を質問すべきか、分からないでしょう。現場に行くまで分からないことは多々ありますが、調査を始める前に調べられることは、必ず下調べしておきましょう。

事前に十分な下調べをすることは、意味のある調査結果を得るための必要不可欠な準備であると同時に、貴重な時間を割いてくれた調査協力者への最低限のマナーでもあります。小池（2000）は、次のように述べます。

> 話し手を真剣にさせるのは、結局はおなじことであろうが、2点が肝要であろう。ひとつは、よくぞここまで調べてきた、という前もっての周到な準備である。もうひとつは、的を射た質問である。すくなくともわかりきったこと、イロハのイからの質問では、相手はがっかりし時間の浪費とおもうだろう。約束したから礼儀上話をつづけるにとどまり、真の事実発見はまず期待できない。ただし、後者すなわち的を射た質問とは、なにも先方の考えどおりのことを聞くことではない。あまり考えてはいなかったが、いわれればなるほど重要であったか、という質問も当然含む。後者はよい仮説、適切な聞きとり項目の設定に帰する。
> （p.103）

下調べする内容は多岐にわたります。自分のテーマに関する先行研究を読み、理論的枠組みを明確にしておくことも、下調べの重要な部分です。調査対象の現場に関する情報を集め、読んでおくことも重要です。また、調査に先立ち、可能であれば、調査対象となる現場を訪れておくことも、大きな助けになります。

6. フィールドにおける関係性

調査の準備が整ったら、いよいよ調査を開始します。インタビューや参与観察の場合、調査協力者と関係を築きながら調査を行うことになります。ここでは、調査のフィールドにおける関係性について、考えていきましょう。

佐藤郁哉（2002a）は、インタビューを含むフィールドワークにおいて、いかに調査者と調査協力者との「関係」が重要かを、次のように述べています。

> フィールドワークというのは人間関係そのものである——このように言い切ったとしても、決して過言ではありません。直接現地の社会の中に入り込んで参与

観察的な調査をおこなう場合にせよ、聞きとりが中心になる場合にせよ、フィールドワークにおいては、調査対象となる人々との間でどのような関係を築き上げることができるかが、最も重要なポイントの1つになります。(p. 250)

　フィールドワークにおいて、「調査対象となる人々との間でどのような関係を築き上げることができるか」が、「最も重要なポイント」だと佐藤は言います。では、どのような関係を築くことが重要なのでしょうか。

　インタビューや観察を含む質的研究において、よく言われるのが「ラポール（rapport）」です。ラポールとは、「対象者との心の通い合いや信頼関係」（佐藤、2002a、p.290）を指します。フォンタナとフレイ（2000/2006）は、ラポールについて次のように説明します。

　　回答者との緊密なラポールは、より情報に富んだ研究への扉を開けるが、そこには、研究者が、自分の距離と客観性を失って、研究対象となる集団の代弁者になってしまうかもしれないという問題や、あるいはその集団と同じ生活を始めてその集団のメンバーになり、自分の学問的な役目を無視するようになってしまうかもしれないという問題もある。(p.53)

　つまり、調査者と調査協力者との間に、「緊密」、あるいは親しい関係があれば、「より情報に富んだ研究」を行うことを可能にするが、調査者があまりにも調査協力者と親しくなりすぎたり、「研究対象となる集団」と一体化してしまうと、「客観性を失って」しまうので問題がある、ということですね。調査者は、調査協力者と親しくなるけれど、常に一歩ひいて記録し分析する「客観性」を持たなくてはいけない、というのが、一般的なラポールの考え方です。

　しかし、このような考え方に対して、疑問も提示されています。桜井（2002）は、ラポールは「なによりも信頼できるデータを得るために、すなわち、真の（本音の）語りを聞くために調査者に必要なスタンスとされてきた」(p.65)としたうえで、このような考えは調査者と調査協力者との関係が、「データの質、すなわち正確さ、真実性、本音を保証するという認識論的前提にたっている。」(p.75)と指摘します。このような前提は、調査協力者を「回答の容器」（ホルスタイン＆グブリアム、1995/2004、p.29）とみなす立場に通じます。

　ホルスタインとグブリアム（1995/2004）は、「伝統的なアプローチにおいて、インタビュアーが回答者の経験について質問するとき、調査対象者は基本的に受動的な『回答の容器』」、つまり、「事実や、それに関連する経験内容の貯蔵庫」

として考えられてきたと指摘します（p.29）。「回答の容器」である調査協力者の中にある「真実」をうまく引き出すために、調査者は、「オープンで、ひずみのないコミュニケーションを導くような環境を整えたり、質問を工夫したりすればよい」（p.30）と考えられてきたのです。しかし、実際には、調査協力者はもっと「アクティブ」で、「回答者の役割をとる前にも、あるいはその最中にも、そしてその後でも、さまざまな経験をつなぎ合わせ、組み立てて」おり、「『もうすでにいつでも』意味の積極的な作成者」なのです（ホルスタイン＆グブリアム、1995/2004、pp.31-32）。

　インタビューの中で、調査協力者、つまり語り手は、様々に意味を作り出しています。たとえば、「この調査者は何が聞きたいのだろう。」「この調査者はまだ若いから、あの話よりもこの話をしてあげたほうが役に立つだろう。」「この調査者はあまり状況がよく分かっていないようだから、つっこんだ話はしないでおこう。」等、調査の目的や調査者の人物像を推測しながら、それに合わせた物語を紡ぎだしていきます。インタビューが進むにつれて、調査者に親しみや信頼を感じる等、調査者と調査協力者の「関係」は変化していきます。その変化に伴って、調査協力者が話す内容も変化していくでしょう。

　ホルスタインとグブリアムが言う「意味の積極的な作成者」として調査協力者、つまりインタビューの語り手を見ると、インタビューによって語られる物語は、もともと語り手の中にあったものが調査者からの質問によって「引き出される」のではなく、むしろ、インタビューという場で、作り出されるのだといえます。そして、その物語は、語り手だけが紡ぎ出すのではなく、質問を投げかけ、語り手の話に耳を傾ける調査者も、共に作っているのです。

　このように考えると、「ラポールといわれる調査者―被調査者関係が決して前もって規定されるべきものではな」く、「むしろそうした関係はインタビュー過程をとおして実践的に構築されていくものである」といえます（桜井、2002、p.81）。そして、調査の過程で調査者と調査協力者の関係がどのように作られ、変化していったのか、その関係が、調査結果とどのように関わっているのかを、丁寧に記述し、分析していくことが必要になることが分かります。

【さらに学びたい人のために】

小池和夫（2000）『聞きとりの作法』東洋経済新報社
桜井厚（2002）『インタビューの社会学―ライフストーリーの聞き方―』せりか書房
佐藤郁哉（2002a）『組織と経営について知るための実践フィールドワーク入門』有斐閣
佐藤郁哉（2002b）『フィールドワークの技法―問いを育てる、仮説をきたえる』新曜社
ホルスタイン，J. & グブリアム，J.（2004）『アクティヴ・インタビュー―相互行為としての社会調査―』（山田富秋・兼子一・倉石一郎・矢原隆行訳）せりか書房（原著は1995）

> **論文作成ワーク**　「研究協力依頼書」と
> 　　　　　　　　　「研究倫理遵守に関する誓約書」を作ろう

> **活動 2.** あなたの研究計画に沿って、研究対象となる人にあてた「研究協力依頼書」と、「研究倫理遵守に関する誓約書」を作りましょう。

　以下に、私が過去に作成した文書の例を載せました。これは、私が担当していた授業の一環として、履修者がインタビュー調査を行う際に作成した文書です。作成にあたり、西篠（2007、pp.144-145）を参考にしました。一般の人を対象としたインタビューであること、履修者の知り合いにインタビューを申し込むケースがほとんどであることから、「本研究の趣旨」は平易な表現による、ごくごく簡単な説明になっています。特に、各履修者が、個別のテーマに基づいて調査を行うため、研究目的は特定されていません。実際には、もう少し具体的な研究目的を書くようにしてください。

　「研究協力依頼書」と「研究倫理遵守に関する誓約書」を作成したら、卒業論文、修士論文の指導教官に、見ていただきましょう。伝えるべきなのに伝えていない事柄はないか、問題となる表現はないか等、確認していただきましょう。また、あなたの所属する学部・研究科が、研究調査倫理審査を義務付けている場合は、必ず申請し、承諾を得るようにしましょう。

1　「研究協力依頼書」の例

研究協力依頼書

　このたびは御多用のところ、貴重なお時間を割いていただきありがとうございます。以下の「本研究の背景」「本研究の趣旨」ならびに「研究倫理遵守に関する誓約書」を御一読の上、可能なようでしたらぜひインタビューに御協力いただきたくお願い申し上げます。

本研究の背景

　本研究は、早稲田大学グローバルエデュケーションセンター設置科目「ライフストーリー論（発展）」（授業担当者　太田裕子）という授業活動の一環として実施されるものです。本科目では、履修者が、各自の関心に沿ってライフストーリー・インタビューを行い、その内容をもとに自身のテーマを考察し、報告書にまとめます。この報告書は、履修者にとっての授業レポートとなります。また、報告書は一冊の報告書集のような形に編纂され、学内外の関心ある方に頒布されます。報告書を公開する前に内容を御確認いただき、問題があれば修正いたします。報告書が完成しましたら、一部、献呈いたします。

本研究の趣旨

　本研究では、人々のライフストーリーを聴きます。ライフストーリーは、人々の経験とそれに対する意味づけを語ったものです。インタビュアーの問いかけに沿って、御自身の御経験やそれに対するお考えを、自由にお話ししていただけたら幸いです。

　インタビューは、1時間から1時間半程度の1回を予定しております。御都合のよい日時と御希望の場所をインタビュアーに御指示ください。

　インタビューは、履修者であるインタビュアーが行います。差支えなければ、録音をさせていただきます。お話しいただいたライフストーリーは、インタビュアーが自身のテーマに基づいて分析し、報告書にまとめます。報告書の草稿ができましたら、御確認をお願いいたします。事実誤認や修正・削除したい箇所がありましたら、なんなりとインタビュアーに御指摘ください。

　履修者全員（20名）のライフストーリー報告書を編纂した報告書集は、紙媒体でのみ頒布されます。履修者全員と、ライフストーリー・インタビューに応じてくださった20名の研究協力者の方が主な頒布の対象です。

20××年×月×日
研究代表者　太田裕子
早稲田大学グローバルエデュケーションセンター准教授
連絡先　住所・電話番号・メールアドレス

2 「研究倫理遵守に関する誓約書」「研究協力同意書」の例

研究倫理遵守に関する誓約書

本研究は、以下の研究倫理に沿って実施されます。
(1) 研究成果が公開される際、あなたのお名前や御所属が公表されることはありません。御本人のお名前とは関係のない仮名を使わせていただきます。御希望の仮名がありましたらおっしゃってください。
(2) 研究への協力は、いつでも辞退することができます。もし、辞退されてもあなたが不利益を被ることは決してありません。また部分的に発言を取り消したいなどの御希望がありましたら遠慮なくおっしゃってください。
(3) 記録のために用いたICレコーダーの録音データは、インタビュアーが厳重に管理します。また、保管する必要がなくなった時点で、すべてのデータを完全に破棄します。
(4) インタビューの内容等の研究データは以下の範囲内で使用させていただく可能性があります。
〔1. 授業レポート、2. ライフストーリー報告書集、3. 学会や研究会での口頭発表ならびにポスター発表、4. 学会誌〕
事前にお知らせしている1. と2. 以外の媒体で公開する場合は、事前に御連絡し、公開の可否をお伺いします。
(5) 「ライフストーリー論(発展)」授業における報告書集が完成しましたら、一部を献呈いたします。

御不明な点がありましたら、インタビュアー、あるいは研究代表者に御確認下さい。以上の「研究協力依頼書」や「研究倫理遵守に関する誓約書」を読んだ上で研究に協力していただける場合は、以下の「研究協力同意書」への御記入をお願いいたします。

20××年×月×日
研究代表者　太田裕子

連絡先　住所・電話番号・メールアドレス

　　　　　　　　　　　　　　　　インタビュアー　〇〇〇〇
　　　　　　　　　　　　　　連絡先　住所・電話番号・メールアドレス

――――――――――研究協力同意書――――――――――

　「研究趣旨」や「研究倫理遵守に関する誓約書」をふまえ、研究に協力することを承諾します。なお、研究協力同意書は２部作成し、研究者と研究協力者で１部ずつ保管することに同意します。
　＿＿＿＿年＿＿＿月＿＿＿日
お名前：
御住所：
メールアドレス：

調査の過程で分析する
―質的データ分析の基本的な考え方と作業―

　調査を開始すると、あなたの手元には、たくさんの「データ」が集まってきます。一回のインタビューや観察であっても、「データ」の膨大さに圧倒されるのではないでしょうか。また、集まった「データ」をどう分析すればよいのか分からず、途方に暮れてしまうかもしれません。さらには、調査を進める過程で、当初の想定とは違うテーマが見えてきて、初めに立てていた研究の問いを修正したくなることもあるでしょう。

　本章では、質的研究において行われることの多い、データ分析の考え方と手順を説明します。一つは、グラウンデッド・セオリーに依拠した、コーディング、カテゴリー構築、理論生成という一連の分析です。もう一つは、ナラティヴ分析です。ただし、本章で扱う方法の他にも、データ分析に関して様々な理論や方法があります。また、学問領域、テーマ、理論的枠組み、研究方法論によって、分析の方法も異なってきます。あなたの目的に合う分析方法が他にないか、ぜひ、様々な文献に当たって探してみてください。

　論文作成ワークでは、あなたの調査の過程を振り返り、研究の問いを練り直す活動を行います。また、インタビュー・データのサンプルを使って、実際にデータ分析を体験する活動を行います。

1. データ分析とは何か

　そもそも、データを分析するというのは、何をすることなのでしょうか。メリアム（1998/2004）は、質的研究におけるデータ分析を、次のように説明します。

> データ分析とは、データの意味を理解する（make sense of data）プロセスである。そして、データの意味を理解するということは、人が話したことや調査者が見たこと読んだことを、統合したり切り詰めたり解釈したりすることである。つ

まり、意味づけをする（making meaning）プロセスなのである。データ分析は、具体的なデータと抽象的概念の間、帰納的論証と演繹的論証の間、そして記述と解釈の間を行きつ戻りつする複雑なプロセスである。そこから生まれた意味や理解や洞察が、研究の分析結果となるのである。分析結果は、体系的で記述的な説明や、データ全体をつらぬくテーマやカテゴリーのかたちをとることもあれば、データを説明するモデルや理論のかたちをとることもある。それぞれのかたちは、分析レベルのちがいを反映しており、分析レベルの範囲は、単純な具体的記述から高度に抽象化された理論構築にまでおよんでいる（p.260）。

　データ分析は、「データの意味を理解する」プロセスだとメリアムは言います。インタビューで語り手が言ったことば、フィールドワークで観察した一連の出来事、収集した資料の中の記述…。こうした質的な「データ」の一つひとつが、何を意味しているのか、自分の問いに対してどのような答えをもたらしうるのか、理論的枠組みに照らしてどう解釈できるのか。それを、考え、導き出すプロセスを、データ分析と捉えます。

　このプロセスは、単純な一方通行ではない、「複雑なプロセス」です。「具体的なデータと抽象的概念の間、帰納的論証と演繹的論証の間、そして記述と解釈の間」を、継続的に「行きつ戻りつする」のです。こうした過程で得られた「意味や理解や洞察」が分析結果となりますが、分析結果を記述する方法や分析レベルは、一つではありません。

　分析レベルとして、メリアム（1998/2004）は次の三つを挙げています。

　一つは、記述的な説明です。これは、「最も基本的な提示の仕方」です。数百ページにもおよぶデータは「圧縮され、調査者がその現象の研究から引き出した意味を伝えるナラティブに織り込まれ」ます。記述は、あらゆる質的研究において用いられる重要な要素ではありますが、「記述だけの分析レベルにとどまった研究はほとんどない」とメリアムは指摘しています。（p.261）

　二つ目の分析レベルは、カテゴリーの構築です。現象をただ記述するのではなく、概念を使って現象を描写するために、「カテゴリーやテーマやタイプから成るある枠組みに、データを系統的に分類する」のです（pp.274-275）。

　三つ目の分析レベルは、理論の生成です。これは「最も洗練されたデータ分析のレベル」で、「推論を立て、モデルを構築し、理論を生成する作業をともな」います（pp.274-275）。カテゴリー同士の関係を発見し、それを表現したもの

が理論になります。

　データ分析は、このように、データの意味を理解し、解釈し、洞察を得るための、複雑で多様なプロセスなのです。分析の方法、記述の方法、分析レベルが多様であるからこそ、一人ひとりの調査者は、自分の問題意識、問い、理論的枠組みに最も合う方法を選択する必要があります。だからこそ、あなたはどのような手続きで分析をしたのかを、論文の中で明記することが求められます。

2. データ分析はいつするか

> **問1.** データ分析を行うタイミングとして正しいのはどちらでしょうか。
> 　（1）計画していた調査がすべて終了し、必要な全データが手元に揃った時。
> 　（2）一回目のインタビュー、あるいは観察が終わった時、あるいは一つの資料を手に入れた時、その都度分析を行う。

　質問紙調査等の場合は、すべてのデータが揃った時点で分析する必要がありますが、質的研究では異なります。もし、（1）のように、すべてのデータ収集を終えてから分析を始めようとすると、あまりにも膨大なデータの海に溺れてしまい、どこから分析すればよいか途方に暮れるでしょう。また、分析を進めるうちに、「ああ、もっとこういう質問をすべきだった。」「こういう事例を集めるべきだった。」と気づいても、もう手遅れになってしまいます。そうならないように、（2）のように、データ収集と同時進行で、データ分析を行うのです。

　メリアム（1998/2004）は、「データ分析は、質的調査において、正しいやり方・まちがったやり方がある、数少ない、いやおそらく唯一の局面である。」とした上で、「質的調査におけるデータ分析の正しいやり方は、それをデータ収集と同時進行させることである。」と述べます（p.234）。

　また、佐藤（2002b）は、「問題設定、データ収集、データ分析、民族誌の執筆という四つの作業を同時進行的に進めていき、問題と仮説を徐々に構造化していくだけでなく、民族誌自体も次第に完成させていくアプローチ」を「漸次構造化法」と呼び、推奨しています（p.295）。

データ収集と同時進行の分析は、データ収集を行うプロセスの中で、また、データ収集の合間に、行うことができます。

例えば、調査を行ったら、観察者のコメントや、自分自身のための理論的メモをたくさん書くことです。見たもの、聴いたことに対する批判的思考を働かせ、それらがより大きな理論的な問題や学問領域の問題、あるいは方法論に関する問題とどのように関わっているかを考察し、文章化しておくのです。

また、前回の調査結果を踏まえ、次に行う調査を計画します。例えば、インタビューの質問を洗練させたり、前回とは対極的な人を選んでインタビューを行ったり、前回の観察から生まれつつある仮説を確かめるように観察の焦点を絞ったりします。

調査を行いながら、文献を読み進めることも大切です。現場での生き生きした発見を踏まえて文献を読むことで、自分が発見したことに対する分析が深まったり、特定の理論と自分のテーマとの関連性が見えたりします。

さらに、現場での調査の過程と、読み進めている文献を踏まえて、自分が初めてに立てた研究の問いを精査することも必要です。現場に出てみると、自分が立てた問いのいくつかが、現場の人々にとっての現実とはずれていることに、しばしば気づきます。また、調査を進める過程で、当初重視していなかった問題に、より関心を持つかもしれません。あるいは、当初の問いでは、答えが出ないことに気づくかもしれません。ですから、データ収集とその分析の過程で、自分の研究の問いを精練し、研究の方向性を明確にしていくのです。

3. 一般的な質的なデータ分析──データの内容に焦点を当てたコーディング、カテゴリー構築、理論生成

データ収集と分析を同時進行で行いながら、十分なデータが集まった時、データ収集をやめ、データ分析に集中する時がやってきます。その時には、どのように分析を行えばよいでしょうか。

CoffeyとAtkinson（1996）は、「質的なデータを分析する方法はたくさんある。」(p.3) と述べ、著書の中で複数の分析のアプローチを紹介しています。ここではまず、多くの質的研究者が用いるアプローチである、コーディング、カテゴリー構築、理論生成のプロセスを説明します。次節では、コーディング、

カテゴリー構築、理論生成以外のアプローチを紹介します。

(1) データを読む

　質的研究におけるデータ分析は、まず、データを読むことから始まります。文字化されたインタビュー原稿、自分が書いた清書版フィールドノーツ、収集した資料等、すべてのデータを、収集した時間順に、読み通します。

　エマーソン、フレッツ、ショウ（1995/1998）は、データ分析の「最初の段階」では、「フィールドノーツのすべてを一つの完結した資料の集積として読み通し、現場での経験の全記録について、それらを時間をかけて展開されていったものとして把握する」作業が重要だと述べます（p.302）。箕浦（2009）は、自分の「フィールドノーツを初めから終わりまで、他者の著作を読むように距離をおいて通読し、手持ちのデータを他者の目で眺めて、改めてテーマになりそうなことはいくつあるか書き出してみる」ことを進めています（p.20）。エマーソンらと箕浦が指摘するように、データ分析の始めには、まず、手元にあるすべてのデータを、「他者の目」で「初めから終わりまで」読み通すことによって、「現場での経験」の「展開」を「把握」し、「テーマになりそうなこと」を見つけ、「書き出して」おくことが大切なのです。

　私はこのとき、プリントアウトしたデータに、線を引いたり書き込みをしたりしながら読みます。読みながら、「ここは大事だ」と思った箇所に線を引いたり、疑問を持った箇所に「？」マークと共にその疑問を書きこんだりします。私にとっては、パソコンの画面上で読むよりも、紙の上に、書きこみをしながら読むほうが、ずっと思考が働きやすいからです。

(2)「データのユニット」に分ける

　データを読み込み、全体像を把握したら、具体的で緻密な分析作業に移ります。そのためには、データを、分析可能な単位に分けていく準備が必要です。この単位は、「データのユニット」（メリアム、1998/2004、p.262）や「セグメント」（佐藤、2008、p.46）と呼ばれます。この、データのユニットやセグメントに分けていく作業は、グラウンデッド・セオリーでは、「切片化」（戈木、2006、p.84）と呼ばれます。

　「データのユニット」とは、「意味のある（または潜在的に意味のある）デー

タ」の「断片」です(メリアム、1998/2004、p.262)。その部分だけを取り出して読んだとしても意味を理解できる、ひとまとまりの情報です。データのユニットの大きさは、「調査参加者が感情や現象を表現するのに使った一言のような小さいもの」から、「ある特別な出来事を描写した数ページにおよぶフィールド・ノーツのように大きいもの」まで、様々です(メリアム、1998/2004、p.262)。

　戈木(2006)や箕浦(2009)は、データの重要性によって、切片化する大きさを変えることを勧めています。戈木(2006)は、「切片の大きさにはメリハリをつけるべき」(p.88)だと言います。データの中で気になる部分は、「1文ずつを目安に、もし1文の中に内容の異なる事柄が混ざっていればさらに小さく区切って、一つひとつの切片部分だけに注目し、そこに何が語られているのかを把握」し、「そうでもない部分」は、「大まかに区切ってもよい」としています (pp.88-89)。箕浦(2009)も、「変わり目になったころとか特に重要と思われる日時のフィールドノーツ」は「フレーズごとの分析や行や文ごとの細かい分析をするが、そのほかはパラグラフごともしくは頁ごとの分析をするなど2つの分析ユニットを併用した方が実際的」だと述べます(p.26)。

　戈木は、切片化したデータを、文字通りバラバラにすることを勧めています。一方、ライフストーリーのように、一連の流れが大切なデータの場合は、バラバラにしない方がよいと私は考えます。私がやっていたのは、印字したデータに、データのユニットごとに区切り線を入れたり、枠で囲ったりする作業です。インタビューやフィールドノーツや様々な資料を「物語」として捉える場合、ナラティヴ分析が適しています(詳しくは次節参照)。

(3) コーディングをする

　データのユニットに分けた後は、それぞれのデータユニットについて、〈その意味すること〉を書きこんでいきます。これらの書き込みを「コード」と呼びます。そして、データと対話しながら行う「意味づけ」や「解釈」の過程を「コーディング」と呼びます。

　まずは、すべてのデータユニットに、コードをつけていきます。つまり、その部分が、何についての、どのようなことを表しているのかを、端的に表現することばに置き換えていくのです。

　この時、あなたの問いに答えるために、コーディングをしているということ

を忘れないようにしましょう。研究の問いに答えるために収集したデータを、研究の問いに対する答えを構成するテーマやサブテーマ、それらの関係性を理解するために、コーディングをしているのです。ですから、あなたがつけるコードは、あなたが立てた問いと関連した概念であるはずです。また、あなたが選んだ理論的枠組みと、あなたのコードも関連しているはずです。

　箕浦（2009）は、コーディングは「特定のフィールドでの出来事や観察をより一般的な分析カテゴリーや論点に関連づける作業」であり、「分析者の専門に固有な概念とフィールドで採集したデータの相互作用が働」くため、コードには、分析者の理論的な知識や、経験等、「分析者のバックグラウンドや研究者としての成熟度が必然的に反映される」と指摘します（p.20）。つまり、自分のテーマに関する先行研究だけでなく、様々な文献を読み、理論的知識を持っているほど、よいコードをつけられるのです。ですから、分析の過程でも、分析の助けとなるような理論を探したり、類似する先行研究のコードを参考にしたりすることが必要なのです。

　そうはいっても、初めはどのようなコードをつけたらよいか分からない場合も多いでしょう。そのような場合の助けとして、佐藤（2008）は、次のような一連の問いを示しています。そして、これらの問いの答えにあたる言葉をコードとすることを助言しています。

- ここでは何が起きているのか？
- その出来事は、どのような理由や原因によって起きているのか？
- 登場人物はどのような事をしているのか？
- この人はどういう事を言っているのか？
- 発言や行為の背景には、どのような意図があるのだろうか？（p.97）

また、もう少し抽象度の高いコードを付ける場合の目安として、次の問いを示しています。

- この部分に書かれている内容（証言、観察内容、記事等）をひと言で言いあらわす小見出しをつけるとしたら、どのような言葉がふさわしいだろうか？
- ここに書かれている事は、どのようなテーマについて述べているのか？（p.98）

　このような問いを念頭に置きながら、一つひとつのデータのユニットをコーディングしていくと、同じコードが繰り返し現れたり、関連のあるコードが見えてきたりします。コーディングしたデータの量が増えるにしたがって、コー

ドの名前も、徐々に切れ味のよいものになっていくでしょう。

(4) カテゴリーを構築する

　記述的な分析レベルを超えて、現象をまとめあげる概念の生成を目指すのであれば、第二の分析レベル、カテゴリーの構築を行います。個別で具体的な内容を表すコードを、より抽象度の高い、概念的なカテゴリーにまとめていくのです。カテゴリーとは、「あるひとつのカテゴリーのなかにあるたくさんの個々の事例を『カバーする』または包括する概念的なまとまり」です（メリアム、1998/2004、p.266）。

　箕浦（2009）は、コーディングが終了した時点で、研究の問いを吟味し、明確化することを勧めています。そして、「『適切な問い』が立ったら、この『問い』に答えを見つけられそうな方向」に、コードをまとめ、それに名前をつけます。この時、「本質をうまく抽出し、多くの人に『それ、よく分かるよ！』といわしめるようなネーミングができるかどうか」に成否がかかっているため、「ここが一番難しく、文献リサーチが必要になる」、といいます。なぜなら、「研究者の当該の問題に対する下地、覚醒度、洞察、想像力、柔軟性（拡散思考）」が、どのようなカテゴリーを生成できるかを決めるからです。（p.27）

　では、どのようにカテゴリーを構築していけばよいでしょうか。ここでは、質的研究においてよく行われる、帰納的なカテゴリー構築の方法を説明します。

　一通り、すべてのデータユニットにコードを付け終えたら、自分が書きこんだコードを振り返ります。まず、一つ目のデータに書きこまれたコードのリストを見比べながら、一緒にできるコードを一つのグループに分類していきます。

　コードをグループに分けたら、それぞれのグループに名前を付けます。このとき、個々の事例をカバーするような名前をつけることが、非常に大切です。グループに含まれるコード、およびその元になったデータのユニットのすべてを包括するような名前を付けなければなりません。その際、佐藤（2008）が指摘するように、コードのリストだけを見るのではなく、「コードを割り当てた文字テキストの文脈にもう一度立ち返って検討してみる、という作業が重要」(p.102) です。

　次に、このグループ分けされたコードのリストを念頭に置きながら、それが次のデータにも当てはまるか、吟味していきます。必要であれば、コードを修

正しながらグループ分けを進め、抽象度を上げたり、グループ同士の関係を考えたりしていきます。このようにして、「研究にくり返し現れる規則性やパターンを反映するおおざっぱな概略または分類システムを構成」していきますが、「これらのパターンや規則性」が、その後、「カテゴリーやテーマになる」のです（メリアム、1998/2004、p.265）。

　箕浦（2009）が指摘するように、「フィールドワークがよい成果を生むかどうかは、まず、切れ味のよいカテゴリーを析出できるかどうかにかかって」います（p.20）。カテゴリーの有効性を高めるために、メリアム（1998/2004、pp.268-269）は、次のようなガイドラインを示しています。

　まず、「カテゴリーは、調査の目的を反映するべき」（p.268）だという点です。実際、カテゴリーにつけられた名前は、問いへの答えの一つになっているはずです。

　次に、カテゴリーは、徹底的で、相互排他的であるべきです（メリアム、1998/2004、p.268）。つまり、意味のある事例のすべてが、もれなく、重複なく、いずれかのカテゴリーに分類されるように、カテゴリーを作ります。どのカテゴリーにも入らないデータや、複数のカテゴリーに当てはまるデータが出てしまった場合、カテゴリーに問題があると考えられます。

　また、カテゴリーの名前は、データの内容（本質）を的確に表す必要があります。「部外者がカテゴリー名に目を通しても、その本質があるていどは理解できる」ように、「現象の意味を的確にとらえていればいるほど、良いカテゴリー」名といえます（メリアム、1998/2004、p.269）。メリアムは、「リーダーシップ」よりも「カリスマ的なリーダーシップ」、「反抗的行為」よりも「成人の権威者像への反逆」の方が、より感受的で良いカテゴリー名だと言います（p.269）。

　さらに、各カテゴリーの名前は、互いに同じレベルの抽象度で揃うように注意します。例えば、《音楽》、《料理》、《和食》というカテゴリーをつくってはいけません。《音楽》と《料理》は、同じレベルの抽象度ですが、《和食》は他より抽象度が低く、《料理》のサブカテゴリーとすべきです。

　生成したカテゴリーを吟味し、満足したら、再びデータに立ち戻り、カテゴリーに当てはまるデータのユニットをより多く探していきます。カテゴリーに適合する事例を、数多く集めることによって、カテゴリーを肉付けし、強固にしていくのです。

ここで説明した方法は、データから帰納的にカテゴリーを構築していく方法です。帰納的にカテゴリーを構築していく方法の他に、既存の理論や先行研究からカテゴリーを構築する方法もあります。理論や先行研究からカテゴリーをつくり、それが自分のデータに当てはまるかどうかを確かめていくやり方です。

　この場合、既存のカテゴリーに縛られて、新たなカテゴリーが生成されにくくなったり、データを強引にカテゴリーに入れてしまったりする危険性があります。しかし、研究目的が、先行研究によって明らかにされた理論を確かめたり、発展させたりする場合には、有効な方法です。また、自分で分類したカテゴリーをうまく説明する理論や概念名を先行研究から借用することによって、より切れ味のよいカテゴリーを構築できる場合もあります。

(5) カテゴリー同士の関係を考え、理論を生成する

　カテゴリーの構築から一歩進めた第三の分析レベルは、理論の生成です。このレベルでは、「推論を立て、モデルを構築し、理論を生成する作業をともな」います（メリアム、1998/2004、p.275)。「実践のある側面を説明したり、調査者が将来の活動を推察したりするための理論を生成するうえでの一歩」は、カテゴリー同士の関係を考え、「何らかの意味をなすようにまとめること」です（pp.275-276)。

　理論化に至るプロセスに、決まった道はありません。箕浦（2009）は、「カテゴリー間の関係性が浮上する瞬間には、一瞬のヒラメキのようなものが必要」であり、それが訪れやすいようにするために、「関係文献に目を通したりフィールドノーツを読み返す」等して、「覚醒度の高い状態に自らを置いておく」ことを勧めています（p.32)。メリアム（1998/2004、p.276）は、「カテゴリー同士がどう関連しあっているのかを視覚化してみること」を勧めています。つまり、「データ分析のカテゴリーとサブカテゴリーを使った簡単な図表やモデルで、分析結果の相互作用や相互関連を効果的にとらえる」（p.276）のです。

　このようにして浮かび上がってきた、カテゴリー同士の関係を、言語化して表現すると、それが、理論、あるいは仮説となります。次に行うのは、この理論（仮説）を、再びデータと照らし合わせながら、確かめていく作業です。

　まず、自分が集めたデータを再び読み込みながら、理論（仮説）を否定するような事例や、理論（仮説）では説明できないような事例を探していきます。

もし、そのような事例が見つかれば、理論（仮説）を修正し、より精練していきます。また、手持ちのデータでは理論（仮説）の検証が不十分だと感じたら、さらに理論的サンプリングによって新しいデータを収集していきます。

　このような過程を通して、理論（仮説）を精練していくと、これ以上新しいデータを収集しても、自分が構築したカテゴリーの諸特性やカテゴリー同士の関係について、新しい発見が生まれなくなってきます。その時、「理論的飽和」に達したと考えて、データ収集を終了します（「理論的飽和」については、第7章「5. サンプルの数は？」を参照）。

　ここまで説明してきた分析方法は、グラウンデッド・セオリーを基盤としています。グラウンデッド・セオリーには、論者によって、具体的な分析の手法や用語、哲学的方向性が異なります[1]。興味がある人は、ぜひ、文献を読んで、自分に合う手法を探してみてください。

4. コーディング、カテゴリー構築、理論生成とは異なる分析の方法 ―ナラティヴ分析

　データを読み込み、広い意味でのコーディングをし、理論的考察を行うという手順は、質的研究における分析方法の多くに共通しています。しかし、CoffeyとAtkinson（1996）が指摘するように、「コーディングは分析過程の一部かもしれないが、コーディング自体が分析だと考えるべきではありません。」（p.26）。

　コーディング、カテゴリー構築、理論生成とは異なる分析の方法の一つとして、ナラティヴ分析が挙げられます。Riessman（2008/2014）によると、ナラティヴ分析の特徴は、語りや「行為のシークエンスに着目する」点です（p.21）。また、ナラティヴ分析では、「意図と言語を突き詰め」ます（p.21）。つまり、「特定の出来事がなぜ、どのようにして物語られるのか、あるいは、その特定の仕方でナラティヴを作ることで、語り手は何を遂行するのか、読者や聞き手にどんな影響を与えるのかといった細部」に注目するのです（p.24）。このような点に注目することによって、ナラティヴ分析は、「個々人の主体性」や「特殊性」、

---

[1] グラウンデッド・セオリーのタイプとそれぞれが取る方法の特徴については、木下（2014）に詳しい。

語りや行為が位置づけられる「文脈」を浮かび上がらせます（p.24）。

Riessman（2008/2014）は、様々なナラティヴ分析のアプローチを四つに分類しています。(1) テーマ分析、(2) 構造分析、(3) 対話／パフォーマンス分析、(4) ヴィジュアル分析です。

(1) テーマ分析

テーマ分析では、ナラティヴの「内容にもっぱら注目」します（Riessman、2008/2014、p.101）。「出来事や経験についての報告、つまりほとんど『語られたこと』のみに焦点をあて」る一方、「ナラティヴがどのように語られているか（書かれているか）、語り手が選択した発言の構造、聴き手（現実のものであれ、想定されたものであれ）、そのナラティヴが生み出されたローカルな文脈、トランスクリプトの複雑さ」には「ほとんど焦点をあて」ません（pp.102-103）。

テーマ分析は、グラウンデッド・セオリーに基づく、コーディング、カテゴリー構築、理論生成のプロセスに非常に近いですが、大きな相違点もあります。第一に、グラウンデッド・セオリーにおける研究では、「早い段階での先行概念の使用は一般的に控えられる」のに対して、ナラティヴ研究では、「先行理論が研究を導くと同時に、研究者もデータから新しい理論的な見識を探索」するという点です。第二に、グラウンデッド・セオリーとは異なり、「［切片化した］断片をテーマに着目してコード化するのではなく、シークエンスを維持したまま」分析が行われるという点です。第三に、多くのナラティヴ研究者は、「一般的な説明という考え方そのものを排除する」という点です。第四に、グラウンデッド・セオリーの目的は、「理論化に向けて、異なる事例に通用する確固とした一連の概念を帰納的に生成すること」ですが、「これとは対照的に、ナラティヴ分析は事例が中心」であるという「こだわり」を持ちます。つまり、グラウンデッド・セオリーでは、すべての事例に当てはまる一般的な理論の生成を目指しますが、ナラティヴ研究者は、個々の事例を包括するような「一般的」な説明などありえない、あるいは意味がないと考えるのです。そうではなく、ナラティヴ研究者は、個々の事例を詳細に検討し、その複雑さを理解することを目指すといえます。（Riessman、2008/2014、pp.142-143）

テーマ分析は、「ナラティヴ分析では最も広く知られた手法であり、まちがいなく、応用場面で最も直接的でかつ人の心に訴えるもの」だと、Riessman

(2008/2014、p.101)は評価します。Riessman がテーマ分析の模範例として挙げた先行研究では、「個人のナラティヴの中で描写される生活世界と、さらに大きな社会構造、すなわち権力関係、隠された不平等、歴史的な随伴性との関連づけ」が行われ、「マクロな文脈」に対して「相当な注意が向けられてい」ます（p.143）。一方、「『ローカル』な文脈」、つまり、「読者層だとか、もっと長い実際の報告の中での、特定の発言もしくは書かれたナラティヴが表れている場所、それを生み出した関連のある局面」等については「ほとんど情報がない」と指摘します（p.143）。そして、「文脈ならではの特有な意味」や「自分が分析するナラティヴを構築するという研究者の役割」が「不明瞭にされがち」だという点を、テーマ分析の限界と指摘しています（p.144）。

(2) 構造分析

構造分析は、「ナラティヴの形式に着目することで、言葉の指し示す意味だけから学べる以上の洞察を加えることができる」アプローチです（Riessman、2008/2014、p.149）。「語り手の戦略的な目標を達成するために、ナラティヴはどのように組み立てられるのだろう。出来事のシークエンスが『ほんとうに起こり』、語り手に重大な影響を与えたのだということを、語り手はどのように聞き手に納得してもらおうとするのだろう。」といった問題を考えることによって、「『語られたこと』から『語ること』」へと関心を向けるのです（Riessman、2008/2014、p.149）。

ナラティヴの構造分析として有名なのは、ラボフ（1972）です。ラボフは、「体験についてのストーリーに共通して繰り返されている、ナラティヴとしてのシークエンスや構造部分を特定」するために、「長いやりとりからなるナラティヴの文節をそのまま保持し、その内部構造である、ストーリーの構成部分と、それらの相互関係を詳しく分析」しました（Riessman、2008/2014、p.160）。ラボフによると、「『形の整った』ナラティヴ」には、「概要」、「オリエンテーション」、「行動の展開」、「評価」、「帰結」という六つの要素があります（Riessman、2008/2014、p.161）。すべてのナラティヴに、これらすべての要素が含まれているというわけではなく、順番もこの通りではありません。それでも、ラボフのアプローチは「現在でもナラティヴ分析の試金石になってい」ます（Riessman、2008/2014、p.161）。一方、Riessman（2008/2014）は、「複数のエピソードか

ら組み立てられていて、複雑な形式の語りによって意味が構築されている」ような語りの場合、ラボフのアプローチよりも民族誌学的アプローチの方が役に立つとして、ジェームズ・ジー[2]の研究を紹介しています。

　Riessmanは、構造分析の模範といえる研究を例示した上で、構造分析の意義と限界を指摘しています。ナラティヴの構造分析の意義は、「『何』が語られているかのみに注目し、語り手がどんな造りでその内容を語っているかに目を向けずにいたのでは得ることのできない洞察」を与えてくれる点です（p.192）。例えば、Gee（1991）の研究では、「精神保健の専門家から見ても」「意味をなさ」かったある「統合失調症を患っている一人の女性」の語りが「どう組み立てられているかを詳しく分析することによって」、語り手の意味を「理解可能な状態」にしています（Riessman、2008/2014、pp.179-180）。

　一方、構造分析を用いた先行研究では、二つの意味での文脈への配慮が希薄であるという限界を指摘しています。一つは、ローカルな文脈への配慮です。つまり、分析対象とした語りのある部分が、会話全体のどこで語られたのか、前後の語りとどのように関連付けられるのか等が読者に示されていないという点です。もう一つは、「社会的文脈」への配慮です。つまり、「制度的な強制力、権力関係、文化的言説のように、ナラティヴ全体の文脈として存在するもの」です。しかし、Riessmanは、「個人のナラティヴがどう語られたかに注意を向けると、必然的に社会構造による制約が埋没してしまうことを回避できないわけ」でも、構造分析が「つねに語りを脱文脈化し、歴史的背景、人々の相互作用の側面、あるいは制度的要素を無視するというものでもない」と指摘しています。（Riessman、2008/2014、pp. 192-195）

(3) 対話／パフォーマンス分析

　このアプローチは、「語り手のあいだで、相互作用（対話）によって会話がどのようにして作り出され、またナラティヴとして演示(パフォーム)されるかを探究する」方法です。このアプローチでは、「研究者、場、社会状況がナラティヴの産出と解釈にどう影響するかというような文脈についての精読が、前の二つの方法

---

2) 例えば、Gee, J.(1991). A linguistic approach to narrative. *Journal of Narrative and Life History, 1,* 15-39.

以上に求められ」ます。つまり、テーマ分析や構造分析では、「『何』が『どのように』語られているかが探求されるとするならば、対話／パフォーマンス分析では、ある発言が『誰』に対して向けられ、『いつ』、『なぜ』つまり何の目的で語られたのかが問われる」のです。(Riessman、2008/2014、p.199)

対話／パフォーマンス分析の模範例として Riessman が挙げた研究は、単独インタビューだけでなく、エスノグラフィーを通して得られた、集団での討論をも分析対象としています。それらの研究の中では、語り手が、様々な、他者の「声」を自分のものとして「収奪」しながら、自分のアイデンティティを構築し、それを演示しています。この「アイデンティティの構築とパフォーマンスという普遍的なテーマへの関心」は、「ナラティヴ研究にとって中心的なもの」ですが、対話／パフォーマンス分析の模範例の中では、「アイデンティティとは関係の中でダイナミックに構成されるものであり、さらには聴衆と協働で、あるいは聴衆に向けて演示（パフォーム）されるものだと見なされている」点が共通しています。(Riessman、2008/2014、p.261)

また、「研究上の関係とは、展開されていく対話であり、そこには参加者の発言の意味を公然と推測する研究者の声も含められる」という、方法論上の共通点があります。そして、「研究報告は、聴衆である読者をともなう『一つのストーリー』になり、彼らの解釈によって意味づけが作られてゆく」のです。(Riessman、2008/2014、p.261)

さらに、対話／パフォーマンス分析において、会話の文脈および、「インタビューやエスノグラフィーの状況を超えた、より広い文脈」は分析の重要な部分を占めており、文脈への関心が、「大きな強み」になっています（Riessman、2008/2014、p.264）。

桜井（2012）もまた、「ライフストーリーの分析や解釈では、インタビューの場を超えたより広い社会的コンテクストを考慮に入れなければならない」(p.96)と指摘します。そして、語りの中の社会的コンテクストを取り出すために、コミュニティの常識に埋め込まれている「慣習的用語法」や、その中でも「卓越した地位をしめ」ている「モデル・ストーリー」、さらには、「全体社会の支配的文化で語られているストーリーである「マスター・ナラティヴ」に注目した分析を提唱しています（pp.99-103）。

（4）ヴィジュアル分析

　ナラティヴ分析における四つ目のアプローチは、「言葉と、様々な視覚的ジャンルの映像（写真、絵画、コラージュ、そしてビデオダイアリー）」(p.269)とを統合するアプローチで、「急速に発達しつつある社会調査の領域」(p.336)だと、Riessman (2008/2014) は指摘します。Riessman が例示した模範例では、「個人や集団のアイデンティティが映像的にどう形成され、演じられるかを批判的かつ詳細に分析」しており、「ヴィジュアル・データとともに分析された語られたテクストや書かれたテクストは、アイデンティティが映像を通して明らかにされたり、隠されたり、フィクションにされたりする仕組みを明らかにしてい」ます (p.336)。言葉に基づく分析方法と同様、映像もまた、異なった「読み方」、すなわち解釈が常に可能だからこそ、「ナラティヴ分析への入り口がある」のです (p.338)。

　ヴィジュアル分析には、「見る者が個人や施設を特定できるがゆえの倫理的問題が生じ」ますが、Riessman は、「研究者は不確かさを前に立ちすくむのではなく、研究参加者と手を組んでオープンかつ協力的な態度でのぞむべき」だとしています (p.340)。

　以上、質的研究においてよく用いられる分析方法として、グラウンデッド・セオリーに基づく分析と、ナラティヴ分析を概観しました。これらの他にも、様々な分析のアプローチがあります。そして、それぞれのアプローチの背景には、そのアプローチを生み出した理論があります。あなたの研究関心に最も合う分析の方法を探していってください。確立された既存の分析方法を用いるだけでなく、あなたが自分の研究目的に合った分析の方法を作り出すこともできます。いずれにしても、あなたがどのような目的で、どのような方法で、分析をしたのかを、読者に詳しく説明する必要があります。

　分析の方法は一つではありませんが、すべての方法に共通して最も大切なことは、データの意味を理解することです。データを何度も何度も繰り返しじっくりと読み込み、データと対話しながら、その意味を理解していくのです。分析には「直観」が求められますが、それは、理論的知識や既存の分析方法を援用する中で、そして何よりも、実際に分析をしていく中で養われていきます。また、自分の分析結果を指導教官や仲間に読んでもらい、分析方法や解釈の妥

当性を議論することも、大きな助けになります。

　データ分析は時間のかかる作業ですが、調査の時には見えていなかった様々な意味が、つながりをもって見えてきた時の喜びは大きいものです。データ分析を、どうぞ楽しんでください。

【さらに学びたい人のために】

木下康仁（2014）『グラウンデッド・セオリー論』弘文堂
グレイザー，B. G. & ストラウス，A. L.（1996）『データ対話型理論の発見―調査からいかに理論をうみだすか』新曜社（原著は 1967）
戈木クレイグヒル滋子（2006）『ワードマップ　グラウンデッド・セオリー・アプローチ―理論を生みだすまで』新曜社
佐藤郁哉（2008）『質的データ分析法―原理・方法・実践』新曜社
箕浦康子編著（2009）『フィールドワークの技法と実際Ⅱ―分析・解釈編』ミネルヴァ書房
Coffey, A., & Atkinson, P. (1996). *Making sense of qualitative data: Complementary research strategies*. Sage Publications.
Riessman, C. K. (2008). *Narrative methods for the human sciences*. Sage Publications.（リースマン，C. K.（2014）『人間科学のためのナラティヴ研究法』（大久保功子・宮坂道夫監訳）クオリティケア）

論文作成ワーク　調査の過程を振り返り、問いを練り直そう

　以下の質問をもとに、あなたがこれまでに行った調査を振り返り、問いを練り直しましょう。そのうえで、クラスメイトや仲間と振り返りを共有し、お互いから学び合いましょう。

問1. あなたが計画した調査のうち、現在までに実施した調査（データ収集・分析）は何ですか。また、これから実施する予定の調査（データ収集・分析）は何ですか。

問2. あなたが用いたデータ収集方法・分析方法は、あなたの問いを探究するのに有効でしたか。もし、修正が必要な場合、その修正点を書きましょう。

問3. 研究の問いを修正する必要はありそうですか。調査を行ってみて、問いがより明確になりましたか。研究の問いを精査し、必要であれば、もう一度、問いを立て直しましょう。

問4. 調査・分析を通じて、気づいたことや学んだこと、研究のコツ等はどのようなものですか。

問5. 調査・分析を通じて生じた悩みや疑問はどのようなものですか。

論文作成ワーク　データ分析を体験しよう

　実際のインタビュー[3]のデータを、本章で紹介した方法や、興味のある他の方法を用いて分析してみましょう。そのうえで、分析結果をクラスメイトや仲間と話し合いましょう。あなたはどのような方法を用いて分析しましたか。また、どのような点に注目して分析を行いましたか。あなたの分析結果と、他者の分析結果は、どのような点で共通していて、どのような点で異なっていましたか。なぜ、そのような違いが出たのか、話し合ってみましょう。

【インタビューの背景】
　太田は、コウジ（仮名）という生徒に、3年強にわたって日本語学習支援を行いました。コウジのことばの力が、成長とともにどのように発達してきたのか、私や他の支援者が行った支援は、コウジのことばの発達において、どのような意味があったのかを理解するために、インタビューを行いました。幼少期からの成長過程をテーマとするため、コウジ本人ではなく、家族（母と姉）を対象としました。■■は聞きとれなかった音声です。

太田　以前、お会いしたときに、日本で生まれた後、1歳から3歳までフィリピンに帰って、で、それから3歳で日本にまた戻ってきたっていうふうに聞いたと覚えてるんですけれども、そうだったんですか。
姉　生まれは超未熟児で、日本で。で、そこからフィリピンに。
母　そう。まだ、やっぱし、生まれ、小さいでしょ。まだ入ってこないじゃん、頭が。まだ分からない感じ。遅れてる。だから、やっと3歳は1歳みたいな感じにみたいに、頭の回転。
姉　あたしもそのとき一緒にいたんですけど、母は仕事で、日本で……。フィリピンでは大家族みたいな感じで。コウジは、そのときは、言葉を話すっていうことはできなかったんですけど。
母　できない、ジェスチャー。
姉　例えば、のど乾いたら、手をちょっと■■にして、■■。言葉は発せなくても、ジェスチャーで■■。

3）このインタビューを分析した結果は、太田（2011）にまとめました。

太田　コミュニケーションはできてたんですね。

姉　うれしいときだとか、悲しいとき、もちろん涙流すし……。うれしいときも、やったーとか、そういう簡単な■■話せるんすけど。

母　やっぱし、おばあちゃんと、みんないるじゃん。早い。ジェスチャーできたなの、言葉でなくても。日本来て。やっぱし、だれもいなくなっちゃった。何か■■、下がってるみたいな感じ。前、フィリピンは大人ばかり。ジェスチャーでも、言葉でなくても、何か、動いてる。やっぱし、だれも周りいない。仕事ばかり、コウジ1人。だから、脳が止まってる。何か、その感じ。

姉　親戚だとかはすべてが、海外にいるので、日本にはだれもいないので…。3歳で日本に来たときは、だれも頼る人がいなくて。あたしたちだけで、協力し合ってやってたの■■。

母　小学校行っても、やっぱし皆、分からないじゃない。だから。

姉　周りの友人は、初めてコウジを見ると、やっぱり理解できない。何か……。どういう人かも分からない、話せないから。

太田　4歳から5歳まで保育園に日本で行ってたんでしたよね。

母　やっぱし、コウジの場合のは。いつもと、しゃべれば。頭の脳、動いてるなの……。でも、やっぱし、生徒だから、全員みんないるじゃん。全部、1人1人としゃべれるできないでしょ。だから。

太田　そうですね。ほかにも子どもがたくさんいるから、先生が1対1で話しかけてくれるわけじゃないですよね。

母　先生は全員としゃべるじゃん。例えば、コウジばかりしゃべりできないでしょ。こっちばかり向かってる、しゃべってるでしょ。コウジは会話できるなの。

姉　フィリピンにいたときは、コウジに注目して、話す。日本に来たときは、そういうのなかったから。

母　だから、何か……。

姉　今の3歳■■。

母　だから、しゃべるはやっと、1歳。

姉　保育園のときもあんまりしゃべれなかったんだよね。

母　ジェスチャー。

（中略）

母　小学校1年生、2年生。担任先生はたしか、S先生なの。そのS先生は、やっぱし理解できたの、コウジ。だから、それがコウジを早い。元気で、がんばっ、■■てたの。だから、いつも先生が。あの息子がちゃんとなってるよ、なれてるよ。だから、コウジは元気だったの。3年生になったら元気な

くなっちゃったの。替わったから。やっぱし、S先生あったかい。コウジばかり何かやってくれた。だから、コウジが早く、勉強頑張る■■。

姉 その当時、1年生から2年まで担当していた先生が、すごくコウジのことを理解していて。性格的にも。多分理解していて。片仮名だとか、平仮名だとか。教えるにしても、すごくコウジは習得が早かった。で、すごくあったかい先生だなっていう■■。で、コウジ君ここまでできましたよとか。

太田 ポジティブな言い方をしてくれてる。

姉 コウジもそのときも、褒められて。あ、こんなにできるんだとかいうのもあったし。お母さんも信じられなかったみたいで。できるようになったのっていうふうに思って。言葉もそこで、少しもうしゃべってたみたいで。

母 そんとき、3年生になったら、担任替わって。で、コウジのことを、理解、分かんないで。そのときが、コウジが勉強が、元気なくなっちゃったの。

太田 ああー。

母 コウジは、あったかいじゃないみたいな感じ、分かる。で、コウジ、元気なくなっちゃった。

姉 お母さんがいいなと思ってた先生は、1年生、2年生の担当で、で、あの、途中で亡くなってしまったんですよね、その先生が。その、やっぱりそういうのがあって3年生から違う先生になってしまって。

母 やんなっちゃったの。嫌いになっちゃったの。

（中略）

母 たまにコウジも、「アー」って。

姉 それで、コウジもやっぱり、そのー、自分でうまく言葉で表現できない。自分が感じたことを言葉で発せないから、ジェスチャーじゃないですけど、何か……。

母 1人で、ワーッ。いきなり、いきなり。

姉 いきなり、だから、コウジ自身が、その。表現したいときは、ワーとか。奇声じゃないですけど、何か、そういう……。

母 違う、周りが■■。

姉 周りからの注目も集めたいっていう思いが……。だれも、話せないから、気づいてあげられないじゃないですか。友達も、話しかけられたくてもできないから。みんなの注目を浴びようと、自分で、ワーっとかいうこともやってたみたいで。でも、それ、先生が見たときに。

母 何か、気持ち悪いみたいな。

姉 「頭がちょっとおかしいのかな」とか。

母 だから、いつもわたしに言われた

の。

姉　その先生は、母に「ちょっと違うんじゃないですか」とか。だから、「言葉の教室行ってみたらどうですか」とか。

太田　なるほどー。精神的な障害とか、言葉の障害っていうふうに思われちゃったっていうこと。

姉　そうですね。思われたから。言葉の教室っていうの、マンツーマンで言葉の発声だとか、そういうのをやるけど。

母　コウジのは、つまらない。

姉　コウジのケースと同じ人たちの集まりではなかったんですね。

太田　うーん、そうでしょうね。

姉　だから、コウジも、そういうのに通っていて何か、つまらない。何で僕ここに■■なの、みたいな。

母　でも、わたしね、先生いつも言ってるね、その担任ね、K小も、何で■■しないのって言ってたの。

姉　あの、K小学校に、日本語を教えるっていう教室があったみたいなんですけど。で、母はそこに連れていきたかったんですけど。担任に何度も何度もそういうふうに、「こうしたいんですけど」って言った■■。なかなか受け入れられなかった。「あなたの子どもはこっち」みたいな。

太田　じゃあ、日本語の教室がなかったわけじゃない。

姉　日本語の教室はなかったわけではないですね。やっぱり、母もうまく説明できなくて。あたしもやっぱり、そこまでまだ……だったので、なかなか、その、思うように伝えられなくて。お母さんの友人である、ほかのフィリピン人の子どもはそこで指導してもらってたらしいんですけど。母は、コウジ入れたかったんですけど許可してくれなかったっていう。

（中略）

太田　なるほどー。で、5年生もまた担任の先生が替わったけれども、状況は同じ。

母　それが楽しいだけ。でも、勉強は、勉強チョコ、で、でも、また戻って、友達できて、先生は男だから。

姉　先生が男の先生になったから、その、コウジとしても、何か、楽しくなった。体育の先生だったのかな、その先生は。

母　うんそう、5年。替わった、男なった。それが元気になっちゃって。

姉　男の先生になってから、すごく、何か、元気になって。

母　で、友達。

太田　そのころにはもう、話す言葉っていうのは出てたんですか。

母　言葉はしゃべれる。もう友達いっぱいできてるから、しゃべれる。

（中略）

母　コウジは元気になって男としゃべる。

姉　元気になった。やっぱり、家では女性ばかりなので、男性……で、なるっていうのは初めてで。それで、自分が思ったことを、何かそこで、だんだん、だんだん。「僕、これこれなんだよ」みたいな感じで。で、そこから友達も、一気に増えたんですね。

太田　へえー。

姉　林間学校だとかって、やっぱり。泊まっちゃって、そこからどんどん、友人とのきずな深めていって。すごく周りからも、何か、話しかけてくれて。話そうっていうふうに意思が出て。楽しい、毎日学校が楽しいって言って。で、あたしもそのときは高校生になって、何か、弟がこんなに話せるようになった。思ったら、やっぱりその、友達のおかげなったんだなっていうふうに、あたしすごくそのとき感じていて。すごく友達が増えたんですね。で、すごく言葉のバリエーションも増えて。話せるようになって、で、家にも友達が遊びに来て。ほんとに毎日のように。

母　わたし安心で、仕事いなくても■■。

姉　それで、仕事でいなくっても、安心、家に、友達がいるから。うちに来てもらって、遊んでもらってる安心感があって。

母　3、4年でしょ。止まった■■、だから、5年、6年、ちょっと遅れてるになっちゃったの。

姉　えーと、3年生、4年生のときに、やっぱりすごく落ち込んで。もう学校行きたくないっていうふうに思ったと。5年生、6年生で変わったから。でも、5年生、6年生、止まってしまったんですね、勉強。なかなか勉強もしたくない。やっぱり、1年生、2年生のをすべて習得してるかって言われたら、そうでもないんですけど（勉強が）好きになって、3年生、4年生のときに落ちてしまって。でも、5年生、6年生になったときから、もっと勉強しようって思い始めたんですけど、そのとき、手遅れっていうか、もうその……。自分のレベルがもう、5年生、6年生ではなくて。なかなかもう、どんどん、どんどん、ついていけない、勉強に。勉強についていけなくても、周りのほかの生活。友達とか、その、学校生活、何でも……。

母　それが楽しくて。

姉　が、すごく楽しかったから。すごく好きで、通っていて。学校はあんまり休んだことないんだよね。

母　つらくても、友達が周りいたから。

第9章●調査の過程で分析する　181

コラム 5　データの管理

　調査を始めるとすぐに気づくのですが、データをどう管理するかは、意外に悩ましい問題です。一度や二度のインタビューをもとに論文を書くのであれば、データの管理についてそこまで苦労しないでしょうが、修士論文、博士論文を書くために、数年にわたってデータを収集していると、データは膨大になります。次々に増えていくインタビューの文字化原稿やフィールドノーツ、資料を、後から探しやすいように整理して保管する必要があります。

　佐藤（2008）は、「①日付による配列、②ラベルインデックスによる目印の作成、③内容一覧の作成という3つのテクニック」を勧めています（p.82）。まず、インタビュー記録やフィールドノーツを、日付順に並べてファイリングします。紙媒体の場合、ファイルに日付と通し番号を書いたラベルインデックスをつけておくと、さらに探しやすくなります。佐藤（2008）は、電子ファイルの名前を付ける際、「IN081029 株式会社○○守島専務.doc」のように、文書のタイプ（IN＝インタビュー、FN＝フィールドノーツ、FD＝フィールド日記）、日付（081029＝2008年10月28日）、所属組織名と名前をつけるといいます（p.83）。さらに、「日付ごとにその内容が即座に思い出せるような見出しのようなタイトルをつけた上で、必要に応じて現場観察の場所や聴き取りの対象者の名前などを加え」た「内容一覧（目次）」を作成するのです（pp.85-86）。このような内容一覧を作ることには、データを探しやすくするだけでなく、「出来事の流れが通覧でき、一種のストーリーラインのようなものが浮かび上がってくる」という利点があります（佐藤、2008、p.87）。

研究の結果、何が言えるのか？
─研究結果の記述と考察─

　データの分析を終えたら、研究結果を記述していきましょう。あなたが調査を通して見聞きした人々の営みやことばを生き生きと伝え、分かりやすく説得力をもって、あなたの問いの答えを示すには、何を、どのように記述していけばよいでしょうか。

　本章では、研究結果、考察、結論の章において、何をどのように書くかを検討していきます。また、研究を記述することをめぐる議論と課題、留意すべき点を検討します。

1. 研究結果、考察、結論の章には何を書くべきか

　質的研究の論文では、しばしば、研究結果と考察が一つの章で書かれることがあります。質的研究においては、研究結果の記述そのものが、研究者による分析、解釈であり、結果と考察を区別しにくいからでしょう。量的研究の論文のような、研究結果の章では数量的な分析結果を示し、考察の章ではその意味するところを議論するスタイルとは、だいぶ異なります。時には、考察と結論、あるいは、結果と考察と結論を一つの章に書く論稿も見られます。それでも、結果の章と考察の章を明確に書き分けている質的研究の論文は多数あります。また、結果、考察、結論章を一つの章にまとめていても、その中には、性質の異なる議論の要素が書かれていることも多々あります。

　それでは、研究結果、考察、結論の章では、それぞれどのような内容を書けばよいでしょうか。

（1）論文全体における研究結果、考察、結論の位置づけ

　まず、論文全体における研究結果、考察、結論の位置づけを、もう一度確認しましょう。佐渡島・吉野（2008、pp.129-130）は、論文本文の構成要素を次

のように示しています（一部省略、太字は太田）。

```
▲　Ⅰ　序章
◎　Ⅱ　研究の目的…具体的に何を発見したいのか。
▲　Ⅲ　先行研究…この研究がこの学問領域においてどのように新しいか。
◎　Ⅳ　研究方法…どうやって研究するか。
◎　Ⅴ　**研究結果**…研究をしたらどうなったか。
◎　Ⅵ　**考察**…研究結果をどう解釈するか。
　　　　　（研究目的は達成されたか。方法に問題はあったか。）
▲　Ⅶ　結論…この研究は学問領域、実社会にどのように貢献するか。
　　　　　（この研究の限界は何か。今後に残された課題は何か。）
```

　この中の、◎は「自分の研究について書く章」、▲は「自分の研究と他の研究の関係について書く章」です。つまり、研究結果と考察は、自分の研究について、結論は、自分の研究と他の研究の関係について書くという違いがあることが分かります。
　一方、研究結果と考察は、どちらも◎、つまり、「自分の研究について書く章」です。両者にはどのような違いがあるでしょうか。

(2) 研究結果章に何を書くか
　能智（2007）は、研究結果章に書かれる主な内容は、「『問い』に対する筆者なりの『答え』や、証拠の呈示や論証」だと述べます（p.45）。質的研究の場合、「本来多義的である言語データをどういう意味として読んだのか明示することが要請される」ため、研究結果章は、「純粋にデータのみから構成されるのではなく、多かれ少なかれそこには筆者の解釈、つまり『考察』が含まれる」のです（p.45）。
　研究結果章においては、具体的なデータを提示することが不可欠です。そのうえで、提示した具体的なデータを、どのように解釈したのかを示します。つまり、具体的なデータから直接導き出せる解釈を記述します。
　複数の解釈に支えられた、より抽象度の高い理論や普遍化されたテーマを提示し議論することは、考察の章で行われることもあれば、研究結果の章で行わ

れることもあります。重要なのは、具体的なデータ、それに対する解釈、複数の解釈から導き出された理論やテーマに矛盾がないということです。

(3) 考察章に何を書くか

考察の章は、「研究過程と研究結果についてより広い視点から検討し直す箇所」（能智、2007、p.46）です。研究結果章では、具体的なデータから直接言えることを導き出していたのに対し、考察の章では、「今回の知見をアカデミックな世界や実践の世界へとつないだり、あるいはその限界点を確認したりする作業が行われ」ます（能智、2007、p.46）。

具体的なヒントとして、能智（2007）は、考察を行う上で自分の研究結果に対して投げかけるとよい問いを提案しています。

　①今回の知見は研究設問に対してどのような答えを出しているか
　②今回の知見はどのような状況にどの程度利用できると思われるか
　③今回の知見はより一般的とされる既存の理論に対してどのようなことをいえるか（p.47）

①は、自分が立てた研究の問いに対して、答えを出す形で議論します。研究結果章でも、具体的なデータとともに「答え」は出していたのですが、考察では、もう一度、研究結果から導き出された答えを端的に提示し、その意味を議論します。

②は、研究の結果をどのように実践の現場で利用できるのかという、「利用価値や『転用可能性』」（能智、2007、p.47）を考察します。分野によっては、実践の現場への示唆や提言という形をとることもあります。社会科学系の分野では政策提言という形をとることもあるでしょう。

③は、自分の研究結果を先行研究や理論的枠組みを用いて評価し、位置づけながら、「より普遍的な理論」へと「発展させる可能性を展望」します（p.47）。

こうした内容は、佐渡島・吉野（2008）が言う「①研究結果に対する全体的な振り返り」（p.239）に当たります。これに加えて、考察の章では、「②自分の仕事に対する振り返り」という二つの振り返りを行います（佐渡島・吉野、2008、p.239）。能智（2007）もまた、「研究者としての自分を省察・対象化し、今回の知見の限界を見定めておくのも『考察』部分で行うべき作業の一つである」と述べます（p.47）。具体的には、「研究者個人の経験、価値観、信念など」

の個人的側面と、「外界のあり方や知識についてもっている自分の認識論的仮定」といった認識論的側面の両面から、「選択した方法が適切であったのか、解釈は妥当であったのか」を省察するのです（p.47）。

(4) 結論章に何を書くか
　考察の章と結論の章は、一つの章にまとめられることもあります。結論を独立した章にする場合、結論の章では、「自分の研究と分野における他の研究との関係を論じ」ます（佐渡島・吉野、2008、p.240）。具体的には、次の四つの項目が挙げられます。

　　①先行研究の章で紹介・検討した先行研究と自分の研究の結果との比較
　　②自分の研究範囲の限界と次の研究内容の示唆
　　③この研究の、実社会への貢献
　　④この研究の、学術分野への貢献

（佐渡島・吉野、2008、pp.240-241）

つまり、先行研究と自分の研究結果を比較しながら、自分の研究の学術的、実践的な意義・貢献と課題・限界を論じます。結論は、自分の研究を、より広い学術的、実践的な世界と結び付け、今後の展望を読者に示すのです。
　また、結論の章には、論文全体の要点をおさらいする役割もあります。読者が、序論と結論だけを読んだ時に、論文全体の目的、問いと、それに対する答えが分かるようにするのです。忙しい読者が、あなたの論文を読むべきか、読まないでおくかを決める際、序論と結論に要点が書いてあれば、判断しやすくなります。
　伊丹（2001）は、論文の締めくくりである「止め」は、「論文の本体の『最終点』としても、その先の『出発点』としても、大きな意味をもちうる」（p.226）と述べます。論文本体の「最終点」にあたるのが、論文全体の要約です。これは、「論文で言いたかったことの、再確認でありそして強調」であって、「単純な繰り返しだけでなく、せめて濃淡をもって強調点をもうけてほしい」と伊丹は言います（p.227）。一方、「論文で書かれた内容から敷衍していくと、さらにその先にどのような先の展開がありうるか、その『案内図』」（p.227）を提供する部分が、「出発点」に当たります。つまり、自分の研究の現場への転用可能性や、理論的発展の可能性、今後取り組まれるべき研究を案内する部分です。

以上、研究結果、考察、結論の章で何を書くかを検討してきました。これらの内容は、お互いに切り分けるのが難しいため、章立てを三つに分けられない場合も多々あります。また、すべての要素を網羅しなければならないというわけでもありません。自分の研究に合わせて何を書くべきかを考えましょう。

2. 研究結果はどのように記述されているか―論文を分析する

　質的研究を記述するスタイルは、多種多様です。記述のスタイルは、研究者の立場、研究の目的、論文が掲載されている媒体の性質、想定する読者等によって、異なります。まずは、よい論文をたくさん読み、質的研究の論文にはどのような記述のスタイルがあるのかを理解しましょう。また、どんなスタイルでも共通して書かれている要素は何かを探ってみましょう。

活動1. 結果の記述の仕方を分析しましょう。
(1) 自分がとっている研究方法を用いた論文または著書を少なくとも3つ選びます。研究結果と分析の記述の仕方を検討することが目的なので、自分と異なるテーマや分野の論文でかまいません。研究結果が具体的に、説得力を持って記述されている、よく書かれていると思われる論文を選びましょう。

(2) それぞれの論文の、研究結果を記述した章を、次の観点から分析しましょう。また、分析した結果を、2〜3人のクラスメイトや仲間と共有しましょう。
①結果章の書き出しには何が書いてありますか。
②具体的なデータはどのように提示されていますか（「」、ブロック引用、要約、数字、図表）。
③具体的なデータの記述と、研究者による分析は、どのような割合ですか。

(3) それぞれの論文について、次の問いに答えましょう。
①どのような文体で書かれていますか。また、その文体によって、どのような印象を受けましたか。
②あなたが真似してみたい記述のスタイルはありましたか。それはどのようなスタイルですか。なぜ、そのスタイルを真似したいと思いましたか。

いかがでしたか。グループで複数の論文を分析すると、様々な記述のスタイルがあることが分かったと思います。一方、共通点は見つかったでしょうか。

スタイルによって違いはありますが、結果章に書かれることの多い要素を検討していきましょう。

(1) 研究結果章の書き出し

いきなりデータが提示される場合もありますが、具体的なデータの検討に入る前に、結果章全体の導入を行うことが多いです。導入があると、読者にとって親切です。これから何を、どれだけ読むことになるのか、予測した上で読めるからです。例えば、「エスノグラフィー的記述」を行った山下は、研究結果を次のように始めています（2018、p.229）。

> 4. 在日パキスタン人の若者の言語レパートリー
>   本節では、在日パキスタン人の越境的な生活世界と世界観が、先述の複数言語とどのように関係しているのかを記述する。

まず、見出しで、これから検討するテーマを示しています。その後で、この節で何を論じるかを、問いの形で予告しています。

問いではなく、分析の結果得られた概念を、初めに提示する場合もあります。メリアム（1998/2004）は、「調査結果の概観の簡単な説明で始まり、そのあとそれぞれ個々の結果が、インタビューやフィールド・ノートからの引用や文献からの証拠の参照によってささえられつつ提示される」のが、「『調査結果』の部分」において「典型的」と述べています（p.335）。グラウンデッド・セオリーを用いた研究論文には、最初にカテゴリーと概念の全体像を図表等と共に示しているものがよく見られます。このような書き方は、演繹的な書き方といえますね。分析のプロセスは、具体的なデータから抽象的な概念やカテゴリーの構築へという順で帰納的に行いますが、結果の記述の仕方は、抽象から具体へと、演繹的に示すのです。

具体的なデータを提示する前に、分析によって得られた概念やカテゴリーを示している例を見てみましょう。

> 第2節　行為形成の実際
> 1. 行為形成と保育者の発話―分類方法
> 　保育者と園児との相互作用は、オモチャや食物・食器などの具体物を介在させ特定の行為や発話を伴って展開されることが多い。文字や抽象的概念を介在させた対話が中心になる学校教育の授業場面とは異なっている。
> 　ところで、参与観察者である筆者が聞くことができる保育者の発話には、行為と不可分な形で活動に埋め込まれた「活動の中の発話」と活動自体について解釈する「活動についての発話」の2種類がある。諸活動の中で園児に直接向けられるのは、「活動の中の発話」である。活動中で発せられる保育者の発話は、園児が活動に参加する上で何らかの機能を果たすことによって意味を持つ。したがって、活動の中の保育者の発話は、"園児の活動への参加における機能"という視点から分類するのが妥当であろう。<u>食事や自由遊びで、道具や行為と結びついて現れた保育者の発話を機能に着目して整理したところ、「確認」「活動や状況についての説明」「道具名の提示」「行為の修正」「その他」の5種類に分類された（表2-2参照）。</u>
> 　園児の行為形成に直接的に結びついているのは、「行為の修正」として機能する保育者の発話である。保育者は、園児のどの行為を規制し、どの行為を促進するのであろうか。序章第3節2. で提示した理論的枠組に即して言えば、園児の行為形成過程「行為規制システム」「行為促進システム」「対話的相互行為システム」はどのように作動するのであろうか。以下では、表2-3に示した規則を使用して、具体的に分析を進めていく。

柴山（2001）、p.55（下線は太田）

　この例では、下線部分で、データを分析した結果得られたカテゴリーの全体像を示した上で、その中の「行為の修正」という一つのカテゴリーについて、具体例と共にこれから論じていくことを予告しています。点線部では、分析の視点を、問いの形で示すとともに、分析の枠組みを表の形でも示しています。
　一方、具体的な記述をした上で、そこから見えてくる概念やカテゴリー、理論を徐々に議論していくスタイルも、質的研究の論文には多く見られます。特に、ライフストーリー等、個人のナラティブを焦点とする研究の場合、時間軸でライフストーリーを示した上で、そこから得られた示唆を論じる形式が多いです。

(2) データと解釈を示す

　結果章では、具体的なデータを示しながら、それに対する研究者の解釈を加えていきます。データの示し方には、複数の方法があります。

①ブロックの形で引用する

　一つは、データをブロックの形で引用して示す方法です。佐渡島・吉野（2008）は、これを「ブロック引用」と呼んでいます。通常、3行を超えるような、ある程度の長さをもったデータを引用する場合に、ブロック引用が選択されます。佐渡島・吉野（2008）は、ブロック引用のポイントとして、次の点を挙げています。

---

①引用部分を選ぶ。
　❶論にぴったりの部分を選ぶ。途中を省略することができる。
　❷過不足ないように範囲を選ぶ。1ページの三分の一程度の量を超えないようにしたい。
②予告をする。
　❸誰の言かを予告する。
　❹何のために引用するのかを示す。（中略）
③分析する。
　❺引用後、まず引用部分のポイントを言う。
　❻引用部分中のキーワードを、再度引用して読者に示しながら自分の論へと進む。引用部分と自分の論とを上手にからみ合わせる。（p.75）

　ブロック引用をする際、「引用部分」を「予告」と「分析」で、サンドウィッチにするようなイメージです。データをブロック引用しながら提示する時、このようにすると、一つひとつのデータに対する解釈を丁寧に示すことができます。

　「予告」部分では、これから引用するデータが、誰によるどのような発言や行為かを示すとともに、研究全体の分析結果のうち、どのようなテーマ（概念、カテゴリー等）の具体例として示すのかを示します。

　引用後の分析部分では、引用したデータから直接言えることから、徐々に、解釈を示していき、より抽象化、理論化された説明へと読者を導いていきます。

このとき、「引用部分中のキーワードを、再度引用」することが効果的です。これによって、具体的、個別的なデータが、どのように、より抽象的、一般的な理論に結びつくのかを、読者に示すことができるからです。

ブロック引用によって、データを示している例を見てみましょう。

5.1　ろう者としてのアイデンティティと手話

シンディさんの語りは、「生まれてから今までのことについて、今まで生きてきたことの中で印象に残っていることを、まずシンディさんからできるだけたくさん話してもらえますか」という問いに対して、次のように始まる。

> 私の名前はシンディです。手話ではこう表します。私は、トリニダード・トバゴという国で生まれ、そこで育ちました。ほかの国に移り住んだ経験はありません。トリニダード・トバゴ、手話ではこう言いますが、そこでずっと育ちました。学校はずっと聴者の学校に通いました。手話を身につけたのは、私はろう者ですから、当然手話が必要です。

シンディさんは流暢な日本語手話で語り始めた。この冒頭で注目したいのは、「私はろう者ですから、当然手話が必要です」という部分だ。手話では、「自分自身」「当たり前」「ろう者」「だから」「手話」「必要」等の単語を用いたこの文全体に意味を強めるための副詞（日本語手話では副詞は手指を使った手話単語とは別に目や眉の振る舞い、口の形等の顔の表情を使って表されることが多いが、ここでは両眉を近づけ、口を真一文字にしている）を使った言い方をしており、シンディさんがこの部分を強調して言っていることがわかる。この冒頭が示すように、シンディさんは手話こそを自らのことばとして捉え、ろう者としてのアイデンティティ（木村・市田、1996；Lane,2005）を持っていることがまずうかがえる。米国で1年過ごした事実は、もっと隔たりの大きな「移動」を日常的に経験していた彼女にとってはインタビューの冒頭で言及するほど大きなこととしては認識されていないようだ。

（大塚・岩﨑、2018、p.198）

真ん中にあるのがブロック引用です。左のインデントが3文字程度右側に下がっているのが目印です。引用の前の見出しの部分で、これから論じられるテーマが「ろう者としてのアイデンティティと手話」の関係であることが分かりま

す。また、本文における、引用前の予告部分では、この引用箇所が、「シンディさんの語り」であること、語りを引き出した質問の内容、この語りがインタビュー全体の始まりであったことが分かりますね。

　引用の後に、分析が示されています。「この冒頭で注目したいのが」という一文によって、ブロック引用の中で注目すべきポイントを提示しています。その後、引用部分中のキーワードを「」でくくって再提示しつつ、文字には表れないインタビュー時の観察記録も示しながら、この引用部分からテーマについて言えること（筆者の解釈）が示されています。

　ブロック引用で示すデータは、インタビューでの発言に限りません。観察に基づくフィールドノーツや、収集した資料等の、文字情報をブロック引用することができます。また、ブロック引用における、予告と分析のポイントは、写真や図表を示して分析する際にも有効です（本節④を参照）。

② 「」を使って引用しながら全体を要約する

　二つ目の方法は、人が発言したことや、資料に記述されていることを「」にくくって引用する方法です。この場合、地の文の中に引用部分が埋め込まれるような形になります。この方法をとると、調査協力者の語った重要なことばや文を、その語り口を生かして引用しながらも、長いインタビューの語りを研究者のことばで短く要約することができます。観察に基づくフィールドノーツの場合は、調査者が観察した部分と人々の発言を要約した部分が地の文になり、「」でくくった部分は発言の引用になります。

　「」にくくって引用しながら全体を要約している例を見てみましょう。

　スウさんは来日前、出身国で研究員をしていたが、日本語研究所にいた友人から日本の話を聞いて来日を決め、留学生として来日した。来日10年以上になる（調査当時）。大学院に入り、そこで同国人の夫と知り合い、結婚した。大学院生時代、「学費を免除してもらって。でも生活費は稼がないといけないから」という理由で「バイトと学校の勉強でもう手いっぱいいっぱい、だから、きちんと日本語の勉強はできなかった」という。

八木（2018、p.176）

③自分のことばで要約する

　三つ目は、データを直接引用することなく、研究者のことばで要約して記述するやり方です。

　ライフストーリーの全体像を示すために、調査協力者の語りの全体を要約して示したりするときに用いられる場合があります。インタビューで語られた内容自体を分析対象として重視する場合には、このような方法が選ばれるでしょう。ただし、調査協力者の語りを研究者のことばで要約すると、どうしても、元の意味とのずれが生じます。要約する際には、元の意味を曲解していないか、ずれていないかを、十分に吟味する必要があります。また、要約してしまうと、語り手の話し方や表現、インタビュアーの質問の仕方や内容について、読者が確かめることが出来ません。このような、話し方や表現、インタビューにおける相互行為を分析対象とするのであれば、要約ではなく、ブロック引用や「」による引用を用いるでしょう。

　本文中ではデータを引用せず、より抽象的な分析結果だけを記述する場合もあります。その場合、もととなったデータは、表にまとめて提示されることもあります。

④図表を使って説明する

　四つ目の方法は、データを図や表にまとめて示す方法です。複数の調査協力者の簡単なプロフィールを表にして示す、分析の結果得られた概念とカテゴリーを一覧表で示す、参与観察を行った現場の見取り図を示す等、目的、内容に合わせて、様々な図表を用いることができます。写真や手書き資料を掲載することもありますね。

　図表を使うと、複雑かつ多数の情報を、整理して簡潔に示すことができます。また、図表は読者の印象に残りやすいですし、複雑な内容を理解する助けにもなります。ですから、読者に特に強調したい内容を図表にして示すと効果的です。しかし、あまりに図表を多用すると、かえって注意が分散し、何が重要か伝わりにくくなります。また、複雑すぎる図表は、理解を助けることになりません。図表を使う場合は、ここぞというところに絞って、分かりやすい形で使うようにしましょう。

　図表を示す場合、必ずその内容に関する説明を、本文中でも行いましょう。

図表の解釈の仕方は人それぞれです。あなたが読者にしてほしい解釈の仕方を、本文中で丁寧に説明しましょう。その際、ブロック引用と同様に、図表の前後で次のような説明を行うとよいでしょう。
・この図表は、何について示したものであるか。(予告)
・この図表は、どのように読むのか／見るのか。(予告)
・この図表の中で、注目してほしい箇所はどこか。(分析)
・この図表から、分かること、言いたいことは何か。(分析)

(3) データと解釈のバランス

　結果を記述する際に、具体的、個別的なデータと、研究者による分析を、どの程度の分量で、どのような割合で記述すればよいでしょうか。「分析や解釈に対して具体的な記述をどのくらい含めるべきか、またナラティブが興味深く、しかも情報に富んでいるようにするために、この2つの要素をいかに統合させるのかを決めること」は、「質的調査報告書を書きあげるさいに、解決するのが最も困難なジレンマのひとつ」だと、メリアム（1998/2004、p.342）は指摘しています。

　初めて質的研究による論文を書く学生の中には、生のデータを延々と引用し、ほとんど自分の解釈を書かない人もいます。これでは、筆者がデータをどう解釈したのかが、読者には伝わりません。結果章に続く考察や結論の章で筆者の主張を提示しても、読者には、いったい結果章に書かれたデータのどの部分から、どのようにしてその主張が導かれたのか、確かめることができません。また、あまりに詳細で長大なデータの中で、読者は迷子になってしまいます。

　反対に、自分の主張や仮説を述べるばかりで、それを裏付ける証拠となるデータが十分に示されていない場合もあります。この場合も同様に、筆者が示した主張がどのような根拠に基づくのか、読者には分かりません。それでは、データを恣意的に操作して、都合のよい分析結果だけを示しているのではないかと、読者に疑われてしまいます。

　研究結果を記述する際は、具体的なデータと、それに対する解釈の両方を、十分に示す必要があります。どのような割合がよいといった正解はありませんが、「記述と解釈の間には、到達されるべきバランスがあるということ」（メリアム、1998/2004、p.343）は確かです。このバランスについては、質的研究に

よる論文や著作を、数多く読んで経験的に学び取っていくしかありません。

　質的研究による研究結果を記述する際、重要なのは、インタビューや観察の結果を、生き生きと興味深く伝えつつ、それがどのように研究全体の分析結果（問いへの答え）と結びつくのかを、読者に分かりやすく伝えることです。そのための一つの方策として、データを提示する前に「予告」、データを提示した後に「分析」を書くことが挙げられます。つまり、これから提示するデータが、どのような分析結果の一部であるのかを「予告」します。そして、引用後には、提示したデータをどのように理解することができるのかを、分析によって導き出した概念やカテゴリーを用いながら、説明していきます。その時、具体的で個別的なデータと、抽象度の高い分析結果とが乖離しないように、両者の溝を埋める必要があります。その時に有効なのが、提示したデータの中の具体的な言葉を用いながら、徐々に、抽象度の高い分析結果と結び付けていくことです。

3. 記述のスタイルをめぐる問題

　あなたが分析した論文や本は、どのような文体で書かれていたでしょうか。また、論文を書いた著者である研究者は、論文の中でどのように描かれていたでしょうか。質的研究における記述のスタイルと研究者自身への言及の仕方は、近年、重要な論点になっています。

(1) 写実的、客観的な記述のスタイルに対する懐疑

　学会誌に掲載されている質的研究の論文の大多数は、ヴァン＝マーネン（1988/1999）が言うところの、「写実的物語」としての特徴を備えています。「写実的物語」は、「一つの文化についての写実的レポート」であり、「エスノグラフィーの中で、特に重要で、一般になじみも深く、広く普及し人気のある、世間に認知された形式」だとしています（p.89）。

　「写実的物語」の最大の特徴は、「テクストの決定稿のほとんどの部分から、ほぼ完全に著者の存在が消えているという点」です（ヴァン＝マーネン、1988/1999、p.90）。「テクストに見ることができるのは、対象文化の成員が話すこと、行うこと、そしておそらくは、考えることだけ」です（p.90）。そして、

「エスノグラフィーから『私』(観察者)を抜き去ることで、語り手の著者としての権威＝著者性は明らかに高ま」るのです(p.91)。こうした特徴を、ヴァン＝マーネンは「経験に基づく著者(性)オーソリティー」と呼んでいます(p.94)。

「写実的物語」において、著者は「現地の人々の視点」を提示するために、「彼ら自身による報告や説明を示」そうとします(ヴァン＝マーネン、1988/1999、p.96)。しかし、実際には、「文化をどのように解釈し提示するかという点に関して、エスノグラファーは最終的な決定権を持っている」(p.99)のです。

エスノグラフィーだけでなく、インタビューを用いた質的研究の論文の多くにも、「写実的物語」と共通する特徴が見られます。つまり、インタビューを行った研究者の存在は示されないまま、語り手のことばを引用しながら、研究者が解釈した語り手の視点を、客観的に写実的に記述するのです。典型的なのは、データとして引用するトランスクリプトから、研究者の発言を削除するケースです。研究者の発言やあいづちを消すことによって、研究協力者が語った内容そのものに注目をさせます。研究方法に関する説明の部分では、研究者自身がどのように研究協力者と関係を築き、どのような質問を主に投げかけたかを説明することはありますが、研究結果の分析の中では、研究者の発言や、研究協力者の語りに対する反応、解釈の背後にある研究者自身の認識の枠組みなどについて言及されることはありません。

こうした写実的、客観的な記述のスタイルにおける、研究者の権威や解釈の全能性に対し、疑いがかけられるようになっています。なぜなら、調査し解釈するプロセスにおいて、研究者という人間の存在が、調査され記述される内容を大きく左右するからです。インタビューの中で研究協力者が語ったことは、研究者の質問や研究の目的はもちろん、人種やジェンダー、年齢等、研究者が持つ様々な属性、研究者と研究協力者との関係によって方向づけられます。何をどう観察するかも、研究者の目的や理論的立場、無意識の先入観、自身の文化の枠組み等の影響を受けます。そして、語られた内容、観察した内容を解釈するのは、研究者という一人の人間です。その解釈は、唯一の正当な真実ではなく、多様な解釈の一つのヴァージョンに過ぎないのです。したがって、研究者が書いた論文における真実も、クリフォード(1986/2009)が言うように、「本質的に部分的真実」なのです(p.12)。

(2) 問われるポジショナリティと自己再帰性

　研究者は、調査を行うとき、「人種やエスニシティ、ジェンダー、セクシュアリティ、年齢、国籍、地域、言語、階層、職業などの社会的属性」を伴った、自分自身の身体と、「信仰とか政治的信念、そして知識や理論や思考」を持ち込みます（北村、2013、p.34）。このように、研究者は、「社会によって与えられた特定の『位置／立場』（position）から見る、そして、書く」のです（北村、2013、p.34）。一人の研究者は、ある「位置／立場」から、研究対象となる人々をまなざし、位置づけます。しかし、別の「位置／立場」に立つ研究者は、同じ人々を、全く違う位置づけ方をするでしょう。したがって、研究者が「どこに位置しているのか—誰が、どこから、どう見る・書くのか—」（p.34）を問うことが非常に重要になってきます。この、研究者の立場を問う概念が「ポジショナリティ（立場性）」です（p.34）。

　研究者は、研究対象となる人々をまなざし、位置づけると同時に、研究者自身も、研究対象となる人々によって、様々にまなざされ、位置づけられています。このような、まなざし、まなざされ、位置づけ、位置づけられる関係の中で、研究者は、自分自身を見つめ、内省することを迫られます。この時、自己再帰性（self-reflexivity）が求められます。北村（2013）は、自己再帰性について、次のように説明します。

　　調査者である自分は、何を、どこで、どのような存在として、見たのか。それをなぜ、どのように、書くのか。この「自分自身へ折り返すこと」を、自己再帰性（self-reflexivity）という。(p.31)

つまり、自分自身のポジショナリティを批判的に内省し、どのような位置／立場から調査し、解釈し、記述するのかを問うのです。

(3) 多様な記述のスタイル

　客観的、写実的な記述のスタイルに対する懐疑や批判を受けて、自身のポジショナリティを批判的に内省した結果や過程そのものを、自己言及的に記述するスタイルが広まりつつあります。

　インタビューにおいては、語り手が語った内容だけでなく、いかに語ったかを描くために、研究者の発言をも記述します。それだけでなく、研究者が、インタビューにおいてどのような「構え」をもっていたか、それがインタビュー

をどのように方向づけたかについての内省を、自己言及的に記述する論稿も増えています。石川（2012）は、質的研究の論文において、「従来は黒子に徹すべきだとされてきた調査者の経験を積極的に描いたものが一定程度の割合を占めるようになった」が、「それらを何のために記述するのかということは十分に論じられていないのが現状」だという問題を提起しています（p.1）。そのうえで、石川は、インタビュー、特にライフストーリー研究において、研究者の経験を自己言及的に書く意義は、研究者自身と読者が、調査協力者の経験をより深く理解できる点にあると指摘しています（p.8）。

　エスノグラフィーにおける自己言及的な記述を、ヴァン＝マーネン（1988/1999）は「告白体の物語」と呼び、次のように説明します。

> 研究対象現場でのフィールドワーカーの参与観察者としての存在、描き出される世界でのフィールドワーカーと他者との関係や感受性豊かな接触、その環境の中で生きる術を学ぶ間に、フィールドワーカーを困惑させる何か具体的な文化上の特色—これらを告白は再現しようとする。（p.159）

このような「告白体の物語は、定式化され、人気のあるフィールドワークの記述形態」だといいます。しかし、この「告白体の物語」は、「人格化された著者としての権威＝著者性（オーソリティー）」と「フィールドワーカーの視点」を示しながら、「告白の中で暴かれるすべての厄介な問題にもかかわらず、扱った資料は穢れのない、純粋な、理にかなったもの」であり、「結局のところ、いくつか欠点や問題点もあるが十分な仕事であることに変わりはない、という単純な主張に終わりがち」だと、ヴァン＝マーネン（1988/1999）は批判しています（p.141）。

　写実的物語に替わる記述のスタイルには、様々なものがあります。例えば、「印象派の物語」（ヴァン＝マーネン、1988/1999）は、「著者自身一人の参加者として関わったフィールド」での、「記憶に残った一連の出来事」を、「焦点がしっかりと絞り込まれ、活気のみなぎる、正確な、それでいて必然的に想像力に富んだフィールドワークの描写」として「寄せ集め」、「一人称で語」ったスタイルであり、「フィールドワークの経験を特徴づけ、それを記憶に残るようにする物語」だといいます（pp.174-175）。

　他に、「対話的でポリフォニックな著者性＝権威」の実現を試みる、研究協力者と研究者による「ジョイント形式の物語」（ヴァン－マーネン、1988/1999、p.232）というスタイルも広まりつつあります。

それぞれの記述のスタイルには、それぞれの狙いと工夫があります。また、課題や批判もあります。ヴァン＝マーネン（1988/1999）が言うように、「およそ他者の世界を見、聞き、文章に再現する方法で、絶対的、普遍的に確実な、あるいは正当な方法など皆無」であり、「常に多様な解釈を受けることから免れ得ない」のです（pp.73-74）。

　だとしたら、あなたはどのような記述のスタイルを選ぶでしょうか。伝統的な、写実的で客観的な記述のスタイルだけでなく、自己言及的な記述や、対話的で多声的な記述、文学的な記述等、様々な記述のスタイルを読んだ上で、あなた自身の記述のスタイルを模索していってください。

【さらに学びたい人のために】

石川良子（2012）「ライフストーリー研究における調査者の経験の自己言及的記述の意義─インタビューの対話性に着目して」『年報社会学論集』25、1-12

ヴァン＝マーネン, J.（1999）『フィールドワークの物語─エスノグラフィーの文章作法』（森川渉訳）現代書館（原著は 1988）

クリフォード, J. ＆ マーカス, J. 編（1996）『文化を書く』（春日直樹、足羽與志子、橋本和也、多和田裕司、西川麦子、和迩悦子訳）紀伊國屋書店（原著は 1986）

桜井厚・石川良子編（2015）『ライフストーリー研究に何ができるか─対話的構築主義の批判的継承』新曜社

第 10 章　●　研究の結果、何が言えるのか？

論文作成ワーク　調査の過程を振り返り、考察につなげよう

1 調査の過程を振り返り、次の問いに答えましょう。

（1）データ収集、分析、記述の過程で、発見したこと、明らかになったことは何ですか。当初の予測と異なる結果はありましたか。

（2）（1）の結果を、どのように解釈しますか。その結果には、どのような意味があると思いますか。理論的枠組みに照らして、どのように説明できるでしょうか。

（3）（1）と（2）で述べた結果とその解釈は、研究の問いに対する答えとなりそうですか。研究の問いと調査の結果は、呼応していますか。問いと結果がずれているとしたら、その原因はどこにありますか。

（4）研究の問いを修正する必要はありそうですか。データ収集、分析、記述の過程で、問いはより明確になりましたか。研究の問いを精査し、必要であれば、もう一度問いを立て直しましょう。

2 振り返った内容を、クラスメイトや仲間に説明しましょう。聴き手は、説明を聞いて次の点から助言をしましょう。

（1）結果に対する解釈に納得できるか。別の解釈はないか。

（2）研究の問いと結果の解釈は一貫しているか。問いを修正する必要はないか。

（3）修正した問いは明確かつ適切か。

論文作成ワーク　研究結果、考察、結論の章を書こう

1 研究結果の章を書きましょう。

　データの提示、分析・解釈が適切かつ十分かに留意しましょう。分析の結果、問いや理論的枠組みが変わった場合は、序論、先行研究章、研究方法章も書き直し、研究結果と齟齬が出ないようにしましょう。

2 考察と結論の章を書きましょう。

　以下の点に留意して書きましょう。

《考察章》
　研究結果をどう解釈するか、深い洞察を持って考察する。
　研究結果に対する全体的な振り返りをする。
　（研究の問いに対する答えが出たのか、どのように出たのか、等）

《結論章》
　自分の研究を分野における研究・実社会との関係の中で位置づける。
　（実社会、学術分野にこの研究がどのように貢献できるか、研究の限界と次の研究への示唆、先行研究と自分の研究結果との比較、等）

3 研究結果、考察、結論の章を、クラスメイトや仲間と検討しましょう。

　二人一組でお互いの研究結果、考察、結論章を読み合い、助言し合いましょう。それぞれ、**表7**、**表8**、**表9**の評価表の観点から助言するとよいでしょう。

表7　研究結果章評価シート

_____さんの研究結果章

評価者：_____

観点	評価 (○・△・×)
(1) 具体的な証拠に基づく分析がなされているか	
・具体的なデータとそれに基づく解釈が豊かに記述されているか。	
・解釈に対するデータ（証拠）が不足しているところはあるか。	
・データに関する解釈が不十分なところはあるか。	
・データと解釈は、研究の問いに対する答えと乖離していないか。	
(2) 構成・文章の書き方はどうか	
・分析の結果が整理して示されているか。 　⇒見出しや、パラグラフにおけるトピック・センテンス（段落で一番言いたい主張を一文で示した文）などを使うとよい。	
・読み手にとって分かりやすく、説得力のある流れ（構成）になっているか。	
・分かりやすい文章で書かれているか。 ・曖昧な語句（概念）や説明はないか。 　⇒定義や説明が必要な箇所を指摘する。 ・一文で多くの事柄を説明しようとして分かりにくい文になっていないか。 　⇒一文一義（一文で一つの事柄を述べる）の文にしたほうが分かりやすい箇所を指摘する。	

表8　考察章評価シート

_____さんの考察章

評価者：_____

観点	評価 (○・△・×)
(1) 研究結果をどう解釈するか、深い洞察を持って考察されているか。	
・先行研究と比較しながら議論しているか。	
・理論的枠組みを用いて、研究結果を考察できているか。	
・考察章で言及している理論と、研究者の立場や目的、研究全体の理論的枠組みとの間に齟齬はないか。	
・読者の利益になるような示唆や提言はされているか。（例：実践における示唆）	
(2) 研究結果に対する全体的な振り返りがされているか。	
・研究の問いに対する答えが出たのか、どのように出たのかを説明しているか。	
・研究の方法に対する振り返りはされているか。	

表9　結論章評価シート

_____さんの結論章

評価者：_____

観点	評価 (○・△・×)
・自分の研究を分野における研究との関係の中で位置づけられているか（学術分野にこの研究がどう貢献できるか、先行研究と自分の研究結果との比較等）。	
・自分の研究を実社会との関係の中で位置づけられているか（実社会にこの研究がどのように貢献できるか）。	
・実社会、学術分野におけるこの研究の限界と次の研究への示唆が述べられているか。	

質的研究の「質」をどう高めるか？
―「妥当性」「信頼性」をどう考えるか―

　本章では、質的研究の「質」をどのように高めるのかを考えます。質的研究の「質」を高め、研究成果が他の研究者や実践現場の人々に有益な知見を提供し、受け入れられるためには、妥当性と信頼性を担保する必要があります。しかし、実証主義的な量的研究における信頼性と妥当性の概念を、そのまま質的研究に当てはめることには問題があります。本章では、質的研究において、「妥当性」と「信頼性」をどのように考え、それらをどのような手続きによって担保できるかを検討します。また、論文作成ワークでは、論文全体を推敲し、自分と他者の論文を評価する活動を行います。

1. 質的研究の妥当性、信頼性に関する課題

> **問 1.** 質的研究に対して、しばしば次のような疑問や批判が投げかけられます。あなたの研究に対して、次のような批判や疑問が投げかけられたら、どのように答えますか。クラスメイトや仲間と話し合いましょう。
> (1) 一つ（あるいは少数）の事例から、どうやって一般化できるのか。
> (2) インタビューや観察が適切に行われ、その結果が信頼でき、妥当であると、どうやって保証できるのか。
> (3) データに対する解釈は、恣意的ではないのか。
> (4) 他の人が同じ調査をしても、同じ結果は得られるのか。

　いかがですか。私の授業の受講生たちも、研究発表をするとよく上記のような質問受けると言います。これらは、信頼性、妥当性に関わる問いかけです。
　フリック（1995/2002）は、質的研究によく向けられる批判として、「選択的なもっともらしさ」という問題を挙げています。

> 質的研究に対してよく向けられる批判は次のようなものである—質的研究の結果が読者に理解可能なものとなるのは、データ解釈の例証となりそうな部分をインタビューや観察記録から選択的に抜き出してきて、それらを組み合わせることを通してでしかない。(p.271)

もし、研究者がこのようなやり方を行っているとしたら、「研究者が典型的なものとは無関係だと思ったり、またそれと矛盾していると思うケースやデータの扱いが不透明なまま」になってしまい、「第3者は解釈と結論が導かれる過程を追理解することができ」ません（フリック、1995/2002、p.272）。「選択的なもっともらしさ」を追求するような研究では、妥当性、信頼性があるとはいえません。このような批判を受けないためにも、あなたの研究における妥当性と信頼性があることを、論文の中で説明する必要があります。

では、妥当性、信頼性とはどういう意味でしょうか。実証主義的な研究における「信頼性」と「妥当性」は、次のような意味合いで使われます。

・信頼性…調査結果がどのくらい再現されうるか。
・妥当性…研究者が見ようとしているものを、本当に見ているのか。

例えば、水の沸騰温度を測るときを考えてみましょう。何度測っても、一貫して67.8度を示す温度計は、「信頼性」は高いですが、「妥当性」は低いですね。測ろうとしている対象（水の沸騰温度＝100度）を、本当には測れていないからです。

質的研究においても、妥当性、信頼性を担保することは重要です。しかし、質的研究の場合、「その特性上、妥当性・信頼性の説明が実証主義的な量的調査の場合とはちがったもの」になります（メリアム、1998/2004、p.289）。

2. 質的研究における「信頼性」とは

実証主義における信頼性は、調査結果がどのくらい再現されうるかを意味します。つまり、同じ調査を、同じ研究者または他の研究者が、別の時に繰り返し行ったとしても、同じ結果が得られるかということです。このような意味での信頼性の背景には、実証主義的な仮定があります。つまり、この世界には唯

一の真実、あるいはリアリティがあり、適切な方法で調査すれば同じ結果が繰り返し得られる、という仮定です。

しかし、このような意味合いでの信頼性は、人間の活動を対象とする学問では、大きな問題をはらみます。なぜなら、人間の活動は、静止しているわけではなく、様々な状況に応じて常に変化しているからです。また、インタビューや参与観察で得られた情報は、調査者と調査協力者の相互行為を通してともに作り出されています。このように考える立場に立てば、調査者が変われば、同じ調査協力者であっても調査結果は当然変わります。ですから、実証主義的な意味での「信頼性」を質的研究に当てはめるには、無理があるのです。

一方、質的研究においても、調査方法、分析方法等の信頼性を高めていくことは可能であり、意味があります。サトウ（2007）は、「同種の研究を行えるように手続きを詳述すること」を、「手続き的再現性」と呼び、重視します（p.23）。そして、「質的研究の扱う対象は必ずしも再現可能ではないが、研究方法については再現可能でなければならない。」と指摘します（p.23）。

まず、データ収集の過程においては、次のような方法で「手続き的再現性」を高めることができます。例えば、「複数のインタビュアーや観察者が取る手続きの比較可能性を高めるために、フィールド調査、インタビュー、データ解釈などの方法を実習や点検作業の中で明らかにしておくこと」や、「インタビュー法を実習したり、インタビュー・ガイドや生成質問」を「インタビューの練習時や第1回のインタビューの後に点検してみたりすること」です（フリック、1995/2002、p.275）。

また、データを記録し、論文を記述する過程においても、次のように信頼性を高めることができます。例えば、データの記録、および論文の記述において、「どれが被調査者の言ったことで、どこから研究者の解釈が始まるのかがチェックできるような形で、データの成立過程を明らかにしておくこと」（フリック、1995/2002、p.275）です。そのために、研究協力者の発言、研究者の側の概念、研究者が補足した文脈情報等を、括弧の種類を変えるなどして区別して記録することができます。

いずれの場合も、質的研究を信頼できるものにするためには、「研究プロセス全体にわたって常に反省を行い、それを記録に残していくこと」が必要です（フリック、1995/2002、p.275）。

3. 質的研究における「妥当性」とは

妥当性には、内的妥当性（inner validity）と外的妥当性（external validity）があります。内的妥当性は、「いかに調査結果がリアリティ（日常世界・現実世界）に即しているかという問題」に関わっています（メリアム、1998/2004、p.294）。一方、外的妥当性は、「ある調査結果がどのていど他の状況に適用できるのか」、つまり、「調査結果をどのていど一般化できるのかという問題」に関わっています（p.302）。

(1) 内的妥当性

質的研究において内的妥当性を検討する時に重要なポイントは、「研究される現象と研究者のそれに関するバージョンとの関係を確かめること」です（フリック、1995/2002、p.276）。つまり、調査の過程や、分析の過程で、研究者の行動や解釈が、どのように調査結果や分析結果に影響を与えているのかを明らかにすることです。ここで注意したいのは、現実や知識が、「知覚、解釈、記述などの社会的な構築から独立して存在しているという立場ではな」く、「現実とはいずれにしても社会的に構成されたものだという前提」に立っているということです（フリック、1995/2002、p.276）。したがって、質的研究で問われるのは、「研究者の側の特殊な構築が被調査者の構築にどこまで実証的に根拠をもっているかという点」（p.276）です。つまり、研究者が行った解釈が、研究協力者にとっての現実から乖離していたり、恣意的で独りよがりなものになったりしていないかが問われるのです。

この意味での内的妥当性を確かめる手がかりとして、フリック（1995/2002）は、次の二つを挙げています。一つは、「データがどのように成立したかの検証」で、もう一つは、「現象がいかに描出されたか、またそこからいかに結論が導かれたかを検証すること」です（p.276）。

内的妥当性を高めるために、次のような方策をとることができます。

① トライアンギュレーション

トライアンギュレーションは、「一つの現象に対してさまざまな方法、研究者、調査群、空間的・時間的セッティングあるいは異なった理論的立場を組み合わ

せること」を意味しています（フリック、1995/2002、p.282）。トライアンギュレーションは、妥当性を高めるための技術的な戦略として考案されましたが、「次第にその焦点は、研究で得る認識を豊かに、また完全なものにする方向へと、さらに個々の方法で得られる認識の限界を超えるという方向へと移」っています（フリック、1995/2002、p.283）。

②研究協力者によるチェック

　これは、「メンバー・チェック」、「コミュニケーションによる妥当化」とも呼ばれる方策です。つまり、「データと暫定的な解釈をデータ提供者のもとに持っていき、その分析結果が現実的に妥当なものかどうかをたずねること」（メリアム、1998/2004、p.298）です。ただし、研究協力者の解釈に特権的地位を与えてしまう場合には、問題が起こります（Silverman, 2000, p.177）。

③調査現場での長期にわたる参与や観察

　短期間の観察では、観察した事柄は一回限りのたまたま起きた事柄なのか、常に繰り返される事柄なのか分かりません。しかし、調査現場に、長期にわたって参加し、根気強く観察を行うことによって、観察した事柄が、その現場にとってどのような意味を持つのかを、より信憑性を持って解釈することができます。

④仲間同士での検証

　「その検証に直接関わっていない人と定期的にミーティングを開いて、自分の研究上の盲点を明るみに出したり、作業仮説やその都度の結果を検証したり」します（フリック、1995/2002、p.285）。

⑤監査の道筋（auditing trail）

　会計における監査と同様に、他の審査者が、調査の道筋を辿って、分析結果の確実性（dependability）を確認できるようにするのです。そのために、研究者は、「いかにしてデータ収集やカテゴリー抽出を行ったのか、また調査全般を通じていかにして決定をくだしたのかを詳しく記述」する必要があります（メリアム、1998/2004、p.302）。

⑥分析的帰納

　これは、データをもとに導き出した理論（仮説）を、それに当てはまらないケースの分析を通して検証し、修正するアプローチです（フリック、1995/2002、pp.283-284）。

⑦インタビュー状況の分析

　これは、インタビューの妥当性を評価するためのアプローチの一つです。「インタビューイーがインタビュー状況のせいで、彼らのものの見方と一致していないような証言を、意識的あるいは無意識的にしてしまうことがなかったかどうか」、つまり、「インタビュー状況にそのような歪曲を引き起こすような問題が無かったかどうか」を分析します（フリック、1995/2002、p.277）。

⑧研究者の「構え」の明示

　研究者の「構え」、すなわち、考え方や世界観、理論的立場、バイアスを、「調査の初期段階で明確にしておくこと」を、メリアム（1998/2004）は勧めます。また、こうした「構え」を論文の中でも明示した上で、それがどのように調査結果や解釈と関係しているかを分析し、記述することも行われています（例えば、三代、2015）。

(3) 外的妥当性（一般化）

　次に、質的研究における外的妥当性の問題を検討しましょう。つまり、ある調査結果がどの程度他の状況に適用できるのか、調査結果をどの程度一般化できるのか、に関わる問題です。

　本章の冒頭で挙げた「一つ（あるいは少数）の事例から、どうやって一般化できるのか。」は、質的研究に対して寄せられる典型的な疑問や批判です。質的研究において、事例の数が少ないために一般化できないと批判する人は次のような、統計的一般化をイメージしています。つまり、「ある集団から偏りのないように標本抽出（サンプリング）を行い、そのサンプルからの情報収集を通じて得られた知見が、その集団全体にも当てはまるであろうと推論して行われる一般化」です（野村、2017、p.65）。

　しかし、質的研究は、ランダム・サンプリングによって統計的一般化を目指

すのではなく、目的的サンプリングによって、特徴的な事例を選んで調査しています。ですから、調査結果を他のすべての事例にも当てはめようとすれば、当然無理があります。そもそも、ある特殊な事例における複雑な現象の深い理解を目的とする場合、誰にでも当てはまる一般的、抽象的な知見を目指しているわけではありません。では、質的研究において、一般化可能性に対して、どのように取り組んでいるでしょうか。

野村（2017）は、事例研究における一般化への取り組みを、大きく二つに分けて提示しています。一つは、「理論的一般化」（または「分析的一般化」）で、もう一つは、「自然主義的一般化」です（p.65）。

理論的一般化とは、「理論への貢献を通じて行う一般化」で、「事例を選ぶ際に重視した理論を、その事例を通じてさらに考察することによって、理論のさらなる一般化に貢献」したり、「理論的に意義のある一連の要素が、その事例の中にどのように存在するかを見出」したりすることを目指します（野村、2017、pp.65-66）。

フリック（1995/2002）は、「個別の事例から抽象的な理論へと一般化」するための方策を挙げています。まず、自分の研究において、どの程度の一般化を目指すのか、またそれは達成可能なのかを明らかにしておきます。そのうえで、グラウンデッド・セオリーで提唱される理論的サンプリングによって「研究される現象が埋め込まれたさまざまな事例や文脈を慎重に統合し」、「継続的比較」を行うことです（p.267）。このような方策によって、多様な事例を説明できる理論を生成していくのです。

しかし、複数の事例を調査できない場合もあります。そのような時には、単一あるいは少数の事例から、一般化することはできないのでしょうか。多くの研究者は、一般化は可能であると主張しています。それは、従来の意味での一般化可能性を再概念化することによって可能になるという主張です。

再概念化された一般化可能性には、①作業仮説、②具体的普遍性、③自然主義的一般化、④読者あるいは利用者の側の一般化可能性などがあります（メリアム、1998/2004、p.304）。

①作業仮説（Cronbach, 1975）

これは、一般化を、作業仮説という概念に置き換えるという主張です。具体

的、個別的な状況を重視すればするほど、どのような一般化も作業仮説にすぎないのだから、研究の結果得られた知見は、継続的に精査されていくのです。

②具体的普遍性（Erickson, 1986）
　これは、個別で特殊な事例についての、詳細で具体的な知見の中に、普遍性が宿るという考え方です。そのような具体的普遍性は、後に似たような状況に出会った時に、適用したり、一般化したりすることができるのです。

③自然主義的一般化（Stake, 1978）
　人々は、「暗黙の知、直観、個人的体験に引きつけながら」、「自分自身の経験やまわりの世界での出来事を解き明かすパターンを探し求める」ため、ある特定の事柄に関する十分で徹底的な知識が、新しい別の文脈において類似点を見つけることができます（メリアム、1998/2004、p.308）。このような、人々が日常生活を送る中で自然に行っている一般化のプロセスに近いため、自然主義的一般化と呼ばれます。

④読者あるいは利用者の側の一般化可能性
　これは、「調査結果がどのていど別の状況に適用できるかは、その状況にいる人びとの判断に委ねられるということを意味」しています（メリアム、1998/2004、p.308）。つまり、研究結果が他の状況に適用できるかどうかを決めるのは、研究者ではなく、論文を読んだ実践現場にいる人々なのです。読者は、論文に詳細に記述されている事例の状況と、自分の現場の状況を比較しながら、どの知見が自分の状況に適用できるのかを探るのです。この意味での一般化可能性を高めるために、研究者は、調査の文脈を詳しく説明する必要があります。

(4) 質的研究に適した新しい評価基準の提案
　一方、信頼性、妥当性という概念ではなく、質的研究に適した新しい評価基準を作ろうとする試みも行われています。例えば、リンカーンとグーバは、質的研究の新たな評価基準として、信用性（trustworthiness）、信憑性（credibility）、確実性（dependability）、転用可能性（transferability）、確認可能性

（comfirmability）を挙げています（フリック、1995/2002、pp.284-285）。また、妥当性という「状態」ではなく、研究全体のプロセスにおいて、妥当化していくプロセスを重視する考え方も提唱されています（フリック、1995/2002）。

4. 質的研究の「質」をどう高めるか

これまで、質的研究の評価に関する問題と取り組みを見てきました。様々な考え方や取り組みがありますが、共通して言えることが見えてきたのではないでしょうか。それは、**データ収集、分析、理論化、記述のプロセスを省察し、透明化する**ということです。読者が、研究の質を評価し、自分の実践の現場に役立つ知見を得るために、質的研究を行う研究者は、調査の文脈や研究全体のプロセスを、十分に詳しく説明する必要があるのです。

【さらに学びたい人のために】

フリック, U.（2002）『質的研究入門―〈人間の科学〉のための方法論』（小田博志・山本則子・春日常・宮地尚子訳）春秋社（原著は1995）

Silverman, D.（2000）. *Doing qualitative research: A practical handbook*. Sage Publications.

論文作成ワーク　論文全体を推敲しよう

　論文のすべての章を書き終えたら「終わり！」ではありません。論文全体を推敲し、完成度を高めていきましょう。

(1) 各章を修正する

　ここまで、序章、先行研究章、研究方法章、研究結果章、考察章、結論章を、それぞれ書いてきました。調査をし、その結果を分析し、考察する過程で、問いや理論的枠組みが変化したのではないでしょうか。また、調査と同時進行で文献を読み進めてきたので、言及すべき先行研究が増えてきたと思います。研究方法章も、実際のデータ収集、分析の過程を反映した、具体的な説明を加える必要が出てくるでしょう。必要に応じて、各章を修正していきましょう。

(2) 序章を修正する

　そのうえで、再度、序章を推敲しましょう。研究の過程を通して、研究の問いを練り直してきました。研究結果章、考察章、結論章を書きあげたので、もう、「答え」の部分が明らかになりましたね。果たして、序章に書かれた研究の問いは、この「答え」と対応したものになっているでしょうか。問いと答えはずれていませんか。調査、分析を通してあなたが追究していたのは、いったいどのような問いだったのでしょうか。問いと答えがずれていたら、問いを修正しましょう。問いが変われば、当然、問いに至る問題提起や、問いの重要性を説明する部分も変わります。合わせて修正しましょう。研究方法を修正したのであれば、序章で述べた研究の概要部分も修正します。

(3) 構成を確認する

　次に、各章、節、項の構成を確認しましょう。要点が分かりやすく伝わる構成になっていますか。各章、節、項のタイトルだけを拾って読んでいくだけで、

論文全体の概要が浮かび上がってくるでしょうか。

　見出しのレベルや表現は揃っているかも確認します。同じレベル（章同士、節同士、項同士）の見出しを見比べてみてください。同じレベルの見出しの抽象度が異なっていたら、揃えるようにしましょう。また、見出しの表現も揃えましょう。例えば、次のような見出しの付け方は避けましょう。

　　第 1 章　オーストラリアの日本語教師はどのように成長するのか
　　第 2 章　先行研究
　　第 3 章　研究結果
　　第 4 章　オーストラリアの日本語教師の意味世界の変容過程
　　第 5 章　本研究の意義と今後の課題

この例では、見出しの付け方が揃っていませんね。第 1 章、第 4 章は、章の「内容」を表す見出しを付けています。一方、第 2 章、第 3 章、第 5 章は、章の「機能」を表す見出しになっています。章の「内容」で揃えるか、章の「機能」で揃えるか、あるいは「内容」と「機能」の両方を併記するか、いずれかに一貫させましょう。異なる見出しの付け方を、混在させないようにしましょう。

(4) 語句を一貫させる

　論文全体の構成と見出しを検討したら、今度は、論文全体で、語句が揺れていないか確認しましょう。特に、キーワードとなる語句が揺れていたら、一貫させましょう。似たような意味で、複数の語句が使われていると、それぞれが同じ内容を指しているのか、異なる内容を指しているのか分からず、読み手は混乱します。例えば、「学習環境」「学ぶ場」「学びを支える要因」を同じ意味として使っていたらどうでしょうか。語句が変われば、意味する内容やニュアンスも変わります。同じ意味を表したいのであれば、同じ語句を一貫して使うようにしましょう。もし、異なる意味を持たせることを意図して使い分けるのであれば、論文のはじめの方で、それぞれの語句をどのように使い分けているのか、説明をしましょう。

(5) 誤字・脱字、書誌情報のミスがないか確認する

　論文全体を通して、誤字、脱字がないか、読みにくい表現はないか、チェックしましょう。また、本文中で挙げている参考文献の全書誌情報が、論文末の参考文献リストにすべて記載されているかも確認しましょう。参考文献の情報は、何度も読み返していても、必ずミスが残るものです。本文と参考文献リストを厳しくチェックしましょう。声に出して読む、定規を当てて一行ずつ読む等すると、間違いを見つけやすくなります。自分が書いた文章は、内容が分かっているだけに、ついつい流し読みしてしまいがちです。厳しい読者の目で、徹底的に校正しましょう。

(6) タイトルを見直す

　論文本体が完成したら、タイトルを見直しましょう。はじめにつけたタイトルは、論文の中身を的確に表しているでしょうか。タイトルに含まれるキーワードと、論文本文のキーワードはずれていませんか。タイトルはあまりにも漠然としすぎてはいませんか。主題と副題を組み合わせて、論文の内容がよりよく伝わるようなタイトルを付けましょう。タイトルの付け方の例は、佐渡島・吉野（2008）に詳しいので、参考にするとよいでしょう。

(7) 要旨を書く

　最後に、要旨（abstract）を書きましょう。要旨を書く時のポイントは、研究結果を含めて、論文全体のポイントを書くということです。映画などの「予告」のように、さわりだけを書いてはいけません。研究目的、問い、方法、結果の要点、考察・結論の要点を、各1〜2文で端的に書きます。要旨だけを読んで、あなたの研究の全体像がつかめるようにしましょう。

論文作成ワーク　自分と他者の論文を評価しよう

　本書の活動を通して、1編の論文が完成しました。まずは、完成を喜び、自分自身の努力をねぎらいましょう。クラスメイトや仲間と共に研究と論文作成を進めてきた人は、お互いの論文の完成を喜び合いましょう。

　私の授業では、最終回に「相互評価会」を行い、お互いの論文を評価し合います。受講生は、1学期を通してお互いの研究について話し合い、論文の草稿を一章ずつ読んでアドバイスし合ってきました。ですから、お互いの研究が最終的にはどのような形になったのか、どのような論文に仕上がったのかを知ることは、受講生にとって大きな喜びです。

　「相互評価会」を行う目的は二つあります。一つは、論文の質を高めるために、他者から建設的な批評と助言を得ることです。文章は、何度も書き直すことで、よくなります。その過程で、他者に評価してもらうと、自分では気づかなかった視点を得ることができます。もう一つの目的は、論文を評価する目を養うことです。自分と他者の論文を、評価観点に沿って一読者として冷静に読み、評価する過程で、よい論文とはどういうものか、不十分な記述はどういうものかが分かってきます。そうすると、自分が書いている論文に対しても、読者の目で評価し、修正することができるようになります。

　自分と他者の論文を評価する時に大切なのは、書き手が論文の質をより高めていくために有益な、建設的なコメントをするということです。自分の論文も、他者の論文も、すばらしい点と、よりよくできる点があります。その両方を見つけて、コメントし合うことが大切です。

> **活動1.** 自分と他者の論文を「評価」しましょう。次ページの「評価シート」を使って、章ごとに評価点を付けたうえで、論文全体に対する総評コメントを書きましょう。

表10　評価シート

_____さんの論文

評価者：_____

評価項目	評価観点	評価点
序章	○追究するテーマが、学術的、社会的に価値あることを、説得力を持って述べられているか。 ○研究の問いが適切か。	／5
先行研究	○新しい研究成果を目指していることを十分な先行研究の検討によって示しているか。 ○先行研究の検討によって、研究者がよって立つ理論的パースペクティブが読者に伝わるか。	／5
研究方法	○研究目的を遂行するために適切な研究方法がとられているか。	／5
研究結果	○データの提示、分析・解釈は適切かつ十分か。	／5
考察	○問いに対する答えが出たか。 ○深い洞察をもって考察しているか。	／5
結論	○研究の意義と課題が述べられているか。	／5
総評		／30

おわりに

　本書を書くにあたって、たくさんの方にお世話になりました。

　「質的研究方法入門」および「質的研究法」受講者の皆さんの存在がなければ、本書は生まれませんでした。特に、2018年秋学期の受講生は、ワークシートを本書に掲載することを快諾してくださいました。心から御礼申し上げます。

　これまで私の研究に快く協力して下さった数多くの方々。皆さんとの出会いと交流から、「質的研究を書く」とはどういうことかを学ばせて頂きました。本書の中で紹介した方はもちろん、すべての方に、改めて御礼申し上げます。

　恩師である早稲田大学大学院日本語教育研究科の川上郁雄先生には、研究とは何かを教えて頂きました。「私たちの研究は、人間理解なんです。」「あなたの研究はライフストーリー研究じゃなくて、日本語教育学の研究なんですよ。」「あなたの主題はなんですか。」…大学院生の時には分からなかった先生のお言葉の数々が、この本の中に息づいています。改めて御礼申し上げます。

　恩師であり同僚でもある、早稲田大学アカデミック・ライティング教育部門座長の佐渡島紗織先生には、学術的文章を書くことについて非常に多くを教えて頂きました。「書く」ことに関する本書の多くは、先生の御授業で学んだことや、共に教育実践をしてきた経験に根差しています。心から御礼申し上げます。

　武蔵野美術大学の三代純平さん、神田外語大学の広瀬和佳子さんには、私が第二子、第三子を出産した際、「質的研究方法入門」および「質的研究法」を、1年ずつ代講して頂きました。お二人が発展させてくださった授業のエッセンスは、本書にも生きています。ありがとうございました。

　早稲田大学名誉教授の細川英雄先生は、「書く」ことに関する本を企画していた東京図書に、私を推薦して下さいました。先生に頂いた御縁がこのような形で実を結びました。本当にありがとうございました。

　東京図書の松井誠さんには、本書の企画・編集で大変お世話になりました。本の企画を御提案頂いてから完成するまで、実に2年以上の歳月を要しました。その間、第三子の出産と育児休業、復職後の慌ただしさを理由になかなか筆の進まない私を、松井さんは根気強く見守り、励まして下さいました。松井さんの熱意がなければ、本書は完成しませんでした。心から御礼申し上げます。

　哲学カフェを主催されている井尻貴子さんには、娘の保育園での御縁から、

東京工業高等専門学校の村瀬智之さんを御紹介頂きました。村瀬智之さんには、本書第2章の草稿に対して、哲学専門家の立場から、貴重なコメントを頂戴しました。快く御協力下さったお二人に、心から御礼申し上げます。

早稲田大学アカデミック・ライティング教育プログラムの同僚である坂本麻裕子先生、外村江里奈先生、助手、指導員、チューターの皆さん。アカデミック・ライティングを教え、支援することについて皆さんと重ねてきた議論が、本書に生きています。改めて御礼申し上げます。

本書を執筆する間、子どもたちを見て下さった方々に、心から感謝しています。母は、学校と幼稚園が長期のお休みの時、そして娘の保育園の慣れ保育の間、あたたかい愛情をもって子どもたちの世話をして下さいました。長野のお義母さんは、自然豊かなお宅で、子どもたちを心から楽しく遊ばせて下さいました。長男の友人のお母さんは、週末に長男を御自宅で遊ばせて下さり、私にもあたたかい励ましの言葉をかけて下さいました。子どもたちの小学校、幼稚園、保育園の先生方は、子どもたちが日々、喜びと安らぎを感じられる場を全身全霊で作り出し、親としてのあり方をも示して下さいます。皆さまのお陰で、私が執筆に向き合っている間も、子どもたちが楽しく、満ち足りて過ごすことができました。本当にありがとうございました。

惺士、裕也、朱音へ。夏休みも春休みもゴールデンウィークも原稿を書いていた私に、文句一つ言わないで、「お母さん、ガンバーレ！」と励ましてくれて、ありがとう。お父さん、おばあちゃん、おじいちゃんと、楽しく過ごしてくれて、ありがとう。みんなの応援のお陰で、お母さんは頑張れたよ。みんなが大きくなって、卒業論文を書く時、この本を読んでくれたら嬉しいです。

最後に、敦之さんへ。本書の執筆を引き受けることを相談した時、背中を押してくれて、ありがとう。そして、本書の執筆中…だけでなく、結婚以来ずっと、私のしていることを、理解し、励まし、支えてくれて、ありがとう。毎週末、子どもたちと遊んでくれて、ありがとう。人として、親として、夫婦としての生き方を、共に考え、話し合い、行動をもって示してくれて、ありがとう。時に厳しく、しかし、深い愛情と信頼に根差した敦之さんの言葉のお陰で、仕事をしながらも、家族に心を向け、子どもと向き合うことを、学ぶことができました。言葉に尽くせない感謝と共に、この本を捧げます。

　　　　　2019年6月11日　お迎え10分前　立川の自宅にて　太田裕子

参考文献

秋田喜代美（2005）「5章　学校でのアクション・リサーチ—学校との協働生成的研究」秋田喜代美・恒吉僚子・佐藤学編『教育研究のメソドロジー—学校参加型マインドへのいざない』東京大学出版会（pp.163-189）

秋田喜代美・恒吉僚子・佐藤学編（2005）『教育研究のメソドロジー—学校参加型マインドへのいざない』東京大学出版会

石川良子（2012）「ライフストーリー研究における調査者の経験の自己言及的記述の意義—インタビューの対話性に着目して」『年報社会学論集』25、1-12

伊丹敬之（2001）『創造的論文の書き方』有斐閣

ヴァン＝マーネン，J.（1999）『フィールドワークの物語—エスノグラフィーの文章作法』（森川渉訳）現代書館（原著は1988）

上野千鶴子編（2001）『構築主義とは何か』勁草書房

エマーソン，R.、フレッツ，R. & ショウ，L.（1998）『方法としてのフィールドノート—現地取材から物語作成まで』（佐藤郁哉・好井裕明・山田富秋訳）新曜社（原著は1995）

大木秀一（2013）『看護研究・看護実践の質を高める文献レビューのきほん』医歯薬出版

大倉得史（2005）「第3節　二つのエピソード記述の比較検討—精神科デイケアでの観察から」鯨岡峻『エピソード記述入門—実践と質的研究のために』東京大学出版会（pp.133-146）

太田裕子（2010）『日本語教師の「意味世界」—オーストラリアの子どもに教える教師たちのライフストーリー』ココ出版

太田裕子（2011）「家族が語る『移動する子ども』のことばの発達過程—幼少期より日本で成長した生徒のライフストーリー」『ジャーナル「移動する子どもたち」—ことばの教育を創発する』2、1-25

太田裕子（2012）「『移動する子ども』は他者との関わりの中でことばとアイデンティティをどのように形成しているか—幼少期より日本で成長したある高校生の事例から」『ジャーナル「移動する子どもたち」—ことばの教育を創発する』3、25-48

太田裕子・可児愛美・久本峻平（2014）「『チューター史』を振り返り語り合う実践研

究の意義—学び合う実践共同体構築に向けて」『言語文化教育研究』12、42-87
大塚愛子・岩﨑典子(2018)「第9章　国境を超えたあるろう者のライフストーリー
　　　—ろう者にとっての『移動』と『ことば』」川上郁雄・三宅和子・岩﨑典子編
　　　『移動とことば』くろしお出版（pp.190-213）
小田博志（2010）『エスノグラフィー入門—〈現場〉を質的研究する』春秋社
ガーゲン, K. J.（2004）『あなたへの社会構成主義』（東村知子訳）ナカニシヤ出版（原
　　　著は 1999）
ガーフィンケル, H. 他（1987）『エスノメソドロジー—社会学的思考の解体（新装版）』
　　　（山田富秋・好井裕明・山崎敬一編訳）せりか書房
北村文（2013）「ポジショナリティ」藤田結子・北村文編『現代エスノグラフィー—
　　　新しいフィールドワークの理論と実践』新曜社（pp.34-37）
木下康仁（2007）『ライブ講義 M-GTA—実践的質的研究法　修正版グラウンデッド・
　　　セオリー・アプローチのすべて』弘文堂
木下康仁（2014）『グラウンデッド・セオリー論』弘文堂
串田秀也・好井裕明編（2010）『エスノメソドロジーを学ぶ人のために』世界思想社
鯨岡峻（2005）『エピソード記述入門—実践と質的研究のために』東京大学出版会
クリフォード, J. & マーカス, J. 編（1996）『文化を書く』（春日直樹・足羽與志子・
　　　橋本和也・多和田裕司・西川麦子・和迩悦子訳）紀伊國屋書店（原著は 1986）
グレイザー, B. G. & ストラウス, A. L.（1996）『データ対話型理論の発見—調査か
　　　らいかに理論をうみだすか』（後藤隆・大出春江・水野節夫訳）新曜社（原著
　　　は 1967）
ケミス, S. & マクタガート, R.(2006)「第 10 章　参加型アクション・リサーチ」N. K.
　　　デンジン & Y. S. リンカン編『質的研究ハンドブック 2 巻—質的研究の設計と
　　　戦略』(平山満義監訳、藤原顕編訳）北大路書房(pp.229-264)（原著は 2000）
小池和男（2000）『聞きとりの作法』東洋経済新報社
コービン, J. & ストラウス, A.（2012）『質的研究の基礎—グラウンデッド・セオリー
　　　開発の技法と手順（第 3 版）』（操華子・森岡崇訳）医学書院（原著は 2008）
戈木クレイグヒル滋子（2006）『ワードマップ　グラウンデッド・セオリー・アプロー
　　　チ—理論を生みだすまで』新曜社
西篠剛央（2007）『ライブ講義・質的研究とは何か　SCQRM ベーシック編—研究の
　　　着想からデータ収集、分析、モデル構築まで』新曜社

桜井厚（2002）『インタビューの社会学―ライフストーリーの聞き方』せりか書房
桜井厚（2012）『ライフストーリー論』弘文堂
桜井厚・石川良子編（2015）『ライフストーリー研究に何ができるか―対話的構築主義の批判的継承』新曜社
桜井厚・小林多寿子（2005）『ライフストーリー・インタビュー―質的研究入門』せりか書房
佐藤郁哉（1992）『ワードマップ　フィールドワーク―書を持って街へ出よう』新曜社
佐藤郁哉（2002a）『組織と経営について知るための実践フィールドワーク入門』有斐閣
佐藤郁哉（2002b）『フィールドワークの技法―問いを育てる、仮説をきたえる』新曜社
佐藤郁哉（2006）『ワードマップ　フィールドワーク―書を持って街へ出よう（増訂版）』新曜社
佐藤郁哉（2008）『質的データ分析法―原理・方法・実践』新曜社
サトウタツヤ（2007）「研究デザインと倫理」やまだようこ編『質的心理学の方法―語りをきく』新曜社（pp.16-37）
佐渡島紗織・吉野亜矢子（2008）『これから研究を書くひとのためのガイドブック―ライティングの挑戦15週間』ひつじ書房
サトルズ，G.（2000）「フィールドワークの手引き」（佐藤郁哉訳）好井裕明・桜井厚編『フィールドワークの経験』せりか書房（pp.27-45）（原著は1984）
柴山真琴（2001）『行為と発話形成のエスノグラフィー―留学生家族の子どもは保育園でどう育つのか』東京大学出版会
柴山真琴（2006）『子どもエスノグラフィー入門―技法の基礎から活用まで』新曜社
シェルター・DV問題調査研究会議編（2000）『調査Ⅰ報告書―日本人女性を対象としたドメスティック・バイオレンスの実態調査』横浜市女性協会
シャーマズ，K.（2008）『グラウンデッド・セオリーの構築―社会構成主義からの挑戦』（抱井尚子・末田清子監訳）ナカニシヤ出版（原著は2006）
鈴木聡志（2007）『ワードマップ　会話分析・ディスコース分析―ことばの織りなす世界を読み解く』新曜社
ステイク，R. E.（2006）「第4章　事例研究」N. K. デンジン＆Y. S. リンカン編、平

山満義監訳、藤原顕編訳『質的研究ハンドブック2巻―質的研究の設計と戦略』北大路書房（pp.101-120）（原著は2000）

ストラウス，A. & コービン，J.（1999）『質的研究の基礎―グラウンデッド・セオリーの技法と手順』（南裕子監訳、操華子・森岡崇・志目岐康子・竹崎久美子訳）医学書院（原著は1990）

千田有紀（2001）「序章　構築主義の系譜学」上野千鶴子編『構築主義とは何か』勁草書房（pp.1-41）

デンジン，N. K. & リンカン，Y. S.編（2006）『質的研究ハンドブック1巻―質的研究のパラダイムと眺望』（平山満義監訳、岡野一郎・古賀正義編訳）北大路書房（原著は2000）

デンジン，N. K. & リンカン，Y. S.（2006）「序章　質的研究の学問と実践」N. K.デンジン& Y. S.リンカン編『質的研究ハンドブック1巻―質的研究のパラダイムと眺望』（平山満義監訳、岡野一郎・古賀正義編訳）北大路書房（pp.1-28）（原著は2000）

中井陽子編著、大場美和子・寅丸真澄・増田将伸・宮﨑七湖・尹智鉉著（2017）『文献・インタビュー調査から学ぶ会話データ分析の広がりと軌跡―研究から実践まで』ナカニシヤ出版

能智正博編（2006）『〈語り〉と出会う―質的研究の新たな展開に向けて』ミネルヴァ書房

能智正博（2007）「論文の書き方」やまだようこ編『質的心理学の方法―語りをきく』新曜社（pp.38-51）

野口裕二編（2009）『ナラティヴ・アプローチ』勁草書房

野村康（2017）『社会科学の考え方―認識論、リサーチ・デザイン、手法』名古屋大学出版会

バー，V.（1997）『社会的構築主義への招待―言説分析とは何か』（田中一彦訳）川島書店（原著は1995）

林宅男編著（2008）『談話分析のアプローチ―理論と実践』研究社

フェアクラフ，N.（2012）『ディスコースを分析する―社会研究のためのテクスト分析』くろしお出版（原著は2003）

フォンタナ，A. & フレイ，J. H.（2006）「インタビュー―構造化された質問から交渉結果としてのテクストへ」N. K.デンジン& Y. S.リンカン編『質的研究ハン

ドブック 3 巻—質的研究資料の収集と解釈』（平山満義監訳、大谷尚・伊藤勇編訳）北大路書房（pp.41-68）（原著は 2000）

藤田結子・北村文編（2013）『ワードマップ　現代エスノグラフィー—新しいフィールドワークの理論と実践』新曜社

プラサド，P.（2018）『質的研究のための理論入門—ポスト実証主義の諸系譜』（箕浦康子監訳）ナカニシヤ出版（原著は 2005）

フリック，U.（2002）『質的研究入門—〈人間の科学〉のための方法論』（小田博志・山本則子・春日常・宮地尚子訳）春秋社（原著は 1995）

ブルーナー，J.（2007）『ストーリーの心理学—法・文学・生をむすぶ』（岡本夏木・吉村啓子・添田久美子訳）ミネルヴァ書房（原著は 2002）

フレイレ，P.（2018）『被抑圧者の教育学（50 周年記念版）』（三砂ちづる訳）亜紀書房（原著は 1970）

ベルトー，D.（2003）『ライフストーリー—エスノ社会学的パースペクティブ』（小林多寿子訳）ミネルヴァ書房（原著は 1997）

細川英雄（2008）『論文作成デザイン—テーマの発見から研究の構築へ』東京図書

細川英雄・三代純平編（2014）『実践研究は何をめざすか—日本語教育における実践研究の意味と可能性』ココ出版

ホルスタイン，J.＆グブリアム，J.（2004）『アクティヴ・インタビュー—相互行為としての社会調査』（山田富秋・兼子一・倉石一郎・矢原隆行訳）せりか書房（原著は 1995）

前田泰樹・水川喜文・岡田光弘編（2007）『ワードマップ　エスノメソドロジー—人びとの実践から学ぶ』新曜社

箕浦康子編著（1999）『フィールドワークの技法と実際—マイクロ・エスノグラフィー入門』ミネルヴァ書房

箕浦康子編著（2009）『フィールドワークの技法と実際Ⅱ—分析・解釈編』ミネルヴァ書房

箕浦康子（2009a）「第 1 章　フィールドワークにおけるポジショニング」箕浦康子編著『フィールドワークの技法と実際Ⅱ—分析・解釈編』ミネルヴァ書房（pp.2-17）

箕浦康子（2009b）「第 2 章フィールドノーツの分析」箕浦康子編著『フィールドワークの技法と実際Ⅱ—分析・解釈編』ミネルヴァ書房（pp.18-34）

箕浦康子（2009c）「第4章アクションリサーチ」箕浦康子編著『フィールドワークの技法と実際Ⅱ—分析・解釈編』ミネルヴァ書房（pp.53-72）

三代純平編（2015）『日本語教育学としてのライフストーリー—語りを聞き、書くということ』くろしお出版

三代純平（2015）「『グローバル人材』になるということ—モデル・ストーリーを内面化することのジレンマ」三代純平編『日本語教育学としてのライフストーリー—語りを聞き、書くということ』くろしお出版（pp.112-138）

メリアム，S. B.（2004）『質的調査法入門—教育における調査法とケース・スタディ』（堀薫夫・久保真人・成島美弥訳）ミネルヴァ書房（原著は1998）

メリアム，S. B. & シンプソン，E. L.（2010）『調査研究法ガイドブック—教育における調査のデザインと実施・報告』(堀薫夫監訳) ミネルヴァ書房（原著は2000）

文部科学省「2　研究活動の不正行為等の定義」http://www.mext.go.jp/b_menu/shingi/gijyutu/gijyutu12/houkoku/attach/1334660.htm（2019年3月23日閲覧）

八木真奈美（2018）「第8章　移住者の語りに見られる『経験の移動』が示唆するもの—Agencyという観点から」川上郁雄・三宅和子・岩﨑典子編『移動とことば』くろしお出版（pp.171-189）

山下里香（2018）「第10章　移動するパキスタン人ムスリム女性の青年期の言語生活」川上郁雄・三宅和子・岩﨑典子編『移動とことば』くろしお出版（pp.214-244）

やまだようこ編（2000）『人生を物語る—生成のライフストーリー』ミネルヴァ書房

やまだようこ編（2007）『質的心理学の方法—語りをきく』新曜社

矢守克也（2010）『アクションリサーチ—実践する人間科学』新曜社

好井裕明・桜井厚編（2000）『フィールドワークの経験』せりか書房

リチャードソン，ローレル（2006）「書く—ひとつの探求方法」N. K. デンジン & Y. S. リンカン編『質的研究ハンドブック3巻—質的研究資料の収集と解釈』（平山満義監訳、大谷尚・伊藤勇編訳）北大路書房（pp.315-342）（原著は2000）

リンカン，Y. S. & グーバ，E. G.（2006）「第5章　パラダイムに関する論争、矛盾、そして合流の兆候」N. K. デンジン & Y. S. リンカン編『質的研究ハンドブック1巻—質的研究のパラダイムと眺望』（平山満義監訳、岡野一郎・古賀正義編訳）北大路書房（pp. 145-166）（原著は2000）

レヴィン，K.（2017）『社会的葛藤の解決と社会科学における場の理論1—社会的葛藤の解決』（末永俊郎訳）ちとせプレス（原著は1997）

Baudrillard, J. (1983). *Simulations.* New York: Semiotext(e).（ボードリヤール，J. 著、竹原あき子訳（1984）『シミュラークルとシミュレーション』法政大学出版局（新装版：2008））

Carr, W., & Kemmis, S. (1986). *Becoming critical: Education, knowledge and action research.* Deakin University Press.

Clandinin, D. J. (2013). *Engaging in narrative inquiry.* Left Coast Press.

Coffey, A., & Atkinson, P. (1996). *Making sense of qualitative data: Complementary research strategies.* Sage Publications.

Connelly, F. M., & Clandinin, D. J.(1988). *Teachers as curriculum planners: Narratives of experience.* Teachers College Press.

Creswell, J. W., & Poth, C. N. (2018). *Qualitative inquiry and research design: Choosing among five approaches* (4th ed., International student edition). Sage Publications.

Cronbach, L. J. (1975). Beyond the two disciplines of scientific psychology. *The American Psychologist, 30*(2), 116-127.

Crotty, M. (1998). *The foundations of social research: Meaning and perspective in the research process.* Allen & Unwin.

Derrida, J. (1976). *Of grammatology.* (Spivak,G. C., Trans.) Johns Hopkins University Press. (Original work published 1967)（デリダ，J. 著、足立和浩訳（1972）『根源の彼方に——グラマトロジーについて上・下』現代思潮新社）

Erickson, F. (1986). Qualitative methods in research on teaching. In M. C. Wittrock (ed.), *Handbook of research on teaching* (3rd ed., pp.119-161). Macmillan.

Foucault, M. (1973). *Madness and civilization: A history of insanity in the age of reason.* Random House.（フーコー，M. 著、田村俶訳（1975）『狂気の歴史——古典主義時代における』新潮社）

Foucault, M. (1977). *Language, counter-memory, practice.* Blackwell.

Gee, J. (1991). A linguistic approach to narrative. *Journal of Narrative and Life History, 1,* 15-39.

Gold, R. L. (1958). Roles in sociological field observations. *Social Force, 36*(3), 217-223. https://doi.org/10.2307/2573808

Labov, W.(1972). *Language in the inner city: Studies in the Black English vernacular.* University of Pennsylvania Press.

Lyotard, J. F.(1984). *The postmodern condition: A report on knowledge.* Manchester University Press.（リオタール，J. F. 著、小林康夫訳(1986)『ポストモダンの条件―知・社会・言語ゲーム』水声社）

Riessman, C. K. (2008). *Narrative methods for the human sciences.* Sage Publications.（リースマン，C. K. (2014)『人間科学のためのナラティヴ研究法』（大久保功子・宮坂道夫監訳）クオリティケア）

Silverman, D. (2000). *Doing qualitative research: A practical handbook.* Sage Publications.

Stake, R. (1978). The case study method in social inquiry. *Educational Researcher, 7,* 5-8.

Stake, R. (1995). *The art of case study research.* Sage Publications.

Yin, R. K. (2014). *Case study research: Design and method* (5th ed.). Sage Publications.

索　引

※各章での初出ページ、および、その単語を説明している箇所があるページを示しています

■欧字
IMRAD　　　　　　　　15, 18

■ア行
アクション・リサーチ　126
一般化　　　　　205, 208, 210
一般化可能性　　　　　　211
意味　　　　　　　　　　35
印象派の物語　　　　　198
インタビュー　　　　　151
インタビュー状況の分析　210
引用　　　　　　　　　　65
ヴィジュアル分析　　　174
内側からの理解　　　　　11
エスノグラフィー　　26, 125
エスノメソドロジー　　126
エピソード記述　　115, 125

■カ行
改ざん　　　　　　　　143
解釈的（interpretivism）
　　　　　　　　　　34, 35
外的妥当性（external
　validity）　　　208, 210
回答の容器　　　　　　152
会話分析　　　　　　　127
書く　　　　　　　　　119
学術雑誌　　　　　　　　22
仮説　　　　　　　　　168
仮定的な質問　　　　　　91
カテゴリー　　　　　　167
カテゴリー構築　　　　162
カテゴリー同士の関係　168
カテゴリーの構築　160, 166
構え　　　　　　　　　197
環境に関する情報　　　　94
関係性　　　　　　　　151
観察　　　　　　　　　　99
観察者としての参加者　108
観察者と被観察者の関係　108
観察者のコメント　113, 162
観察すべきことがら　　104
監査の道筋　　　　　　209
完全なる観察者　　　　109
完全なる参加者　　　　108
疑似相関　　　　　　　　50
記述的な説明　　　　　160
記述のスタイル　　　　195
帰納的な方策　　　　　　13
脚注方式　　　　　　　　66
客観主義（objectivism）
　　　　　　　　　　30, 34
客観主義的　　　　　　102
客観性　　　　　　　　152
客観的　　　　　　　　112
協同的パートナー　　　109
具体的普遍性　　　　　212
グラウンデッド・セオリー
　　　　　　　127, 169, 211
グループ・インタビュー
　　　　　　　　　　88, 89
継続的比較　　　　　　211
ケース・スタディ　　　126
ゲートキーパー　　　　148
結論　　　　　　　　　183
結論章　　　　　　78, 186
研究　　　　　　　　　　47
研究協力依頼書　　149, 155
研究協力者によるチェック
　　　　　　　　　　　209
研究協力同意書　　150, 158
研究結果　　　　　　　183
研究結果章　　　　78, 184
研究者自身への言及　　195
研究者の「構え」の明示　210
研究者の主観　　　　　　11
研究者の立場　　　　　　23
研究手法（methods）27, 123
研究の中心（テーマ）　　56
研究の問い　　　　59, 128
研究の問いの重要性と必要性
　　　　　　　　　　　　60
研究の範囲　　　　　57, 61
研究方法　　　　　　　128
研究方法章　　　　77, 135
研究方法論　　　　　　123
研究倫理　　　95, 136, 139
研究倫理遵守に関する誓約書
　　　　　　　150, 155, 157
現場メモ　　　　　　　111
権力　　　　　　　　　　36
考察　　　　　　　　　183
考察章　　　　　　78, 185
構成主義（constructivism）
　　　　　　　　　　　　32
構造主義　　　　　　　　33
構造分析　　　　　　　171
構築主義（constructionism）
　　　　　　　31, 32, 35, 36
コーディング　　　162, 164
コード　　　　　　　　164
告白体の物語　　　　　198

■サ行
再帰性　　　　　　　　　12
最大の多様性をもったサンプ
　リング　　　　　　　131
作業仮説　　　　　　　211
作業用書誌　　　　　73, 74
参加者としての観察者　109
参考文献リスト　　　43, 73
サンプリング　　　24, 130
参与観察　　　　　　　　99
恣意的　　　　　　205, 208
自己言及　　　　　　　197
自己再帰性　　　　　　197
自然主義的一般化　　　212
実証研究　　　　　　　　15
実証主義（positivism）　34
実証主義的　　　　　　206
実践研究　　　　　　　126
質的研究　　　　　　　207
質的研究（多様性）　　　7
質的研究（特徴）　　　　9
写実的物語　　　　　　195
主観　　　　　　　　　115
主観主義（subjectivism）
　　　　　　　　　　31, 33
主観的　　　　　　　　112
出典　　　　　　　　43, 65
ジョイント形式の物語　198
小問い　　　　　57, 62, 128

229

書誌情報	75
序章	77
序章の要素	59
信頼性	205, 206
推敲	214
省察	185
清書版フィールドノーツ	111, 112
切片化	163
先行研究	67
先行研究章	77, 79
存在論	31, 34

■タ行

大問い	57, 62
対話／パフォーマンス分析	172
多重質問	49, 90
妥当性	205, 206, 208
単独インタビュー	88
談話分析	127
長期にわたる参与や観察	209
調査者と語り手の相互作用	93
調査者の主観	102
著者年方式	66
定性的調査（質的調査）	8
定量的調査（量的調査）	8
データのユニット	163
データ分析	159
データベース	22
テーマ分析	170
テクスト	12
手続きの再現性	207
典型的サンプル	130, 133
問い	48
問いの条件	51
当事者参加型アクションリサーチ	36
独自的サンプル	131
読者あるいは利用者の側の一般化可能性	212

トライアンギュレーション	103, 143, 208
鳥の目	113

■ナ行

内的妥当性（inner validity）	208
仲間同士での検証	209
ナラティヴ	124
ナラティヴ分析	169
認識論（epistemology）	27, 28, 30
捏造	143

■ハ行

半構造化インタビュー	87, 88
反対の立場からの質問	91
非言語情報	94
非構造化インタビュー	87, 88
批判的（critical inquiry）	34, 36
剽窃	65
フィールドノーツ	110
フィールドワーク	99, 125, 151
部分的真実	196
ブレイン・ストーミング法	6
ブロック引用	190
文献管理ソフト	75
文献研究	15
分析的帰納	210
分析の観点	129
分析レベル	160
便宜的サンプリング	131
方法論（methodology）	27
ポジショナリティ	197
ポスト構造主義	33, 37
「ポスト」的	34, 37
ポストモダニズム	33, 37

■マ行

マインド・マップ	5, 56

虫の目	113
メタナラティブ	38
メモ	94
目的的サンプリング	130, 211
文字起こし	98
文字起こし支援ツール	98
物語	153

■ヤ行

誘導質問	90
雪だるま式サンプリング	132
よい聴き方	92
よい質問	91
よい「問い」	52

■ラ行

ライフストーリー	124
ラポール（rapport）	152
理解	35
理想的な立場からの質問	92
理論	168
理論生成	162
理論的一般化	211
理論的覚え書き	113
理論的サンプリング	132, 169, 211
理論的パースペクティブ（theoretical perspective）	27, 28, 34
理論的飽和	133, 169
理論的メモ	162
理論の枠組み	69, 79
理論の生成	160, 168
倫理上の問題	140, 146
レビュー論文	72
録音	94
論文	22
論文の構成	15
論文の要素	15

■ワ行

悪い質問	89

●著者紹介

太田裕子（おおた ゆうこ）

早稲田大学大学院日本語教育研究科博士課程修了、博士（日本語教育学）。
現在、早稲田大学グローバルエデュケーションセンター准教授。
著書に『日本語教師の「意味世界」―オーストラリアの子どもに教える教師たちのライフストーリー』（ココ出版）、『日本語を学ぶ／複言語で育つ―子どものことばを考えるワークブック』（共著、くろしお出版）、『文章チュータリングの理念と実践―早稲田大学ライティング・センターでの取り組み』（共編、ひつじ書房）、『キャリアデザインのための自己表現―過去・現在・未来を結ぶバイオグラフィ』（共編、東京図書）などがある。

はじめて「質的研究」を「書く」あなたへ
― 研究計画から論文作成まで ―

©Yuko Ota 2019

2019年9月25日　第1刷発行　　　　　　　　　　Printed in Japan
2025年5月10日　第7刷発行

著　者　太田裕子
発行所　東京図書株式会社
　　　　〒102-0072　東京都千代田区飯田橋3-11-19
　　　　電話:03(3288)9461　振替:00140-4-13803
　　　　http://www.tokyo-tosho.co.jp
　　　　ISBN 978-4-489-02320-0

●理論と事例でみる質的研究法の必読書

これからの質的研究法
― 15の事例にみる学校教育実践研究 ―

秋田喜代美・藤江康彦　編著
A5判　304頁　定価3080円　ISBN 978-4-489-02307-1

学校教育の現場で質的研究をしたいけれど、どうアプローチすればいいのか―質的研究をするには、しっかりとした方法論を身につける必要があります。本書は、概括的な「理論編」と、協働学習・探求学習・ICTを活用した新たな学びの動向や、教師・学校文化に関する15事例を紹介した「研究事例編」で構成。前著『はじめての質的研究法』から時を経て、さらに深化した研究の数々を紹介しています。

●これまでになかった"教師研究"のため入門ガイド

これからの教師研究
― 20の事例にみる教師研究方法論 ―

秋田喜代美・藤江康彦　編著
A5判　336頁　定価3300円　ISBN 978-4-489-02362-0

教師とは誰か、その経験、思考、生き方、自己、文化を知ることは学校教育研究の基本であり、時代を超えて取り組まれうる研究領域です。本書はそのような"教師研究"のため入門ガイドとして、研究の動向や方法論など、基本的な概念や枠組みが理解できるようになっています。

●授業研究入門の決定版！

これからの授業研究法入門
― 23のキーワードから考える ―

秋田喜代美・一柳智紀・坂本篤史・濵田秀行　著
A5判　256頁　定価3300円　ISBN 978-4-489-02435-1

授業研究／分析（教室コミュニケーションと学習環境）をテーマとした実践と研究方法の解説から、ICTや教室空間の分析事例も含めた授業のミクロ分析まで、教室の具体事例を通してのエピソード、物語としても読める、授業研究方法の入門書。